개발자의 꿈

IT 개발자

개발자의 꿈

IT 개발자 지음

도서출판 북트리

이야기의 시작

    it 분야는 드라마가 될 수 없다는 말을 들어본 적이 있습니다. 그러나 제가 직접 경험한 it의 이야기는 너무 드라마틱하여 여러분께 소개해 드리려고 합니다.
    '이런 이야기가 실화라고 하는 것이 말이 되느냐?'고 하실 분도 분명히 있을 만한 드라마틱한 실제의 삶이었으나, 실화라고 생각하면 너무 무거울 수 있으니 소설이라 생각하시고 가볍게 읽어주시면 감사하겠습니다.

    먼저 저의 소개를 먼저 드리자면, 저는 한국의 it의 소프트웨어 개발자이며, 여러 회사에서 근무하며 많은 경험을 쌓았습니다.
    다양한 분야의 업무를 하였으며, 그중 시스템과 펌웨어 분야의 전문가로 대기업 및 중소기업 근무 경력을 가지고 있으며, 이제 은퇴를 앞두고 과거 한 기업에서 직접 겪은 이야기를 해보려고 합니다.
    미리 말씀드리지만, 이 회사만의 특별한 일들이 아니라 일반적인 직장 생활의 단면입니다.

목차

- 입사 과정 · 12
- 입사 후 첫 소감과 성과 · 14
- 퇴직하시는 분들과 대화 · 15
- 프로젝트를 한 달 안에 완료 시켜라 · · · · · · · · · · · · · · · · · · · 19
- 퇴사 신청 · 21
- 금전적 관련하여 어떠한 것도 보장해 줄 수 없다 · · · · · · · · · 22
- 연봉 500 올려주려는 인사팀장을 깼다는 소문의 진상 · · · · · · · · · 25
- 이전 조직책임자의 재입사 · 27
- 퇴직이라는 말을 꺼내면 천만 원부터 · · · · · · · · · · · · · · · · · · · 28
- 경영 감사님의 은혜와 퇴사 취소 · 29
- 소문이 퍼지다 · 30
- 시스템 감시 프로그램 구현 · 31
- 기교, 내공, 주화입마 · 33
- 잘 모르시는데 · 35
- 공짜는 양잿물도 마신다 · 36
- 렌트카의 편법 · 37
- 시계가 돌아간 것일 뿐 많은 일을 하고 있다고 생각하지 않는다 · · · · · · · · · 39
- 업무를 천천히 해라 · 41
- 내가 시킨 건 내가 시켰다고 해 · 43

- 사장님 간담회 · 44
- 남한산성 야유회 : 일등을 포기하면 행복할 수 있다 · · · · · · · · · · · · · 45
- 팀 후배의 휴직 · 47
- 후배 풍이 오다 · 49
- 차량 배터리 잔량 확인 · 51
- 차량 이동 거리 오류 · 53
- 태어나지도 않은 프로토콜과는 연동이 안 돼 · · · · · · · · · · · · · · · · 55
- 서버 버그 설명 · 56
- 국내 향은 내가 한 프로젝트라 하기에 창피하다 난 도와준 것일 뿐 · · · · · · 58
- 호주 향 프로젝트의 시작 · 59
- 짐 싣는 것에 니어커도 있고 트럭도 있다 · · · · · · · · · · · · · · · · · · 60
- 기존 프로그램은 지우고 다시 짜야 한다 · · · · · · · · · · · · · · · · · · · 61
- 후배가 나에게 곰팡이를 먹이다 · 63
- 거울을 보여 주고 싶다. 쉬었다 하자 니가 정신을 차려야 일을 시작하지 · · · · 65
- 인류 최고의 명언 · 67
- 신입 후배 사원의 변화 된 모습 · 68
- 서버는 모듈과 인터페이스로 이해해라 · · · · · · · · · · · · · · · · · · · 69
- 서버 통신 프로토콜 설계 · 71
- 개발자는 사흘을 보지 않으면 다시 봐야 한다 · · · · · · · · · · · · · · · · 74
- 세월을 두고 쌓아온 것은 절대 이길 수 없다 · · · · · · · · · · · · · · · · · 76
- 차량 배터리 방전 문제 · 77
- eMMC 메모리를 왜 쓰지 · 78

- 기술 PM이라 불리다 · 80
- 확인도 안 하시고 내용도 모르고 대표이사님께 보고하신 건가요 · · · · · · · 81
- 반성문 쓸 때 근거 자료 첨부 · 83
- 난 일 잘하는 사람을 좋아해 · 85
- 팀 해체하고 우리 팀 파트로 오면 하드웨어 설계해 줄게 · · · · · · · · · 86
- 메모리 수명 이슈에 대한 대답 · 87
- CAN 모듈 담당자 배치 · 88
- 신입사원 업무 할당 · 89
- 개발한 거나 더 파악해 · 91
- 개발은 학교에서 하는 실험과 같은 거야 · · · · · · · · · · · · · · · · · 92
- 신입사원이 야근 안 해서 회사가 흔들리면 회사가 잘못된 거야 · · · · · · 93
- 프로젝트 할당 인력을 빼앗기다 · 94
- 앞서 퇴사한 분들이 말한 이슈 발견 · 95
- 진짜 그것만 하면 됩니까 · 96
- 나만 차별하는 개발 · 98
- 차 도둑놈이라도 사형 선고는 안 돼 · 100
- 낙하산을 깨다 · 101
- 너를 보호하려는 것도 있어 · 104
- 호주 향 상세 일정 협의 · 105
- 분 단위로 3달 치 계획서를 작성하라 · · · · · · · · · · · · · · · · · · · 106
- 가능한 빨리 · 109

- 나 보고 죽으라고 · 110
- 통신 모듈 문제 · 112
- 모듈 데모 보드 · 113
- 월드와이드로 사고 치시는 거 아니십니까 · · · · · · · · · · · · · · · · · 114
- 간헐적으로 통신오류가 발생하는 제품도 상관없다고 하시면
  더 이상 말씀 안 드립니다 · 115
- 가격만 보고 결정했다 · 117
- GPS 이슈 · 118
- 대표이사 변경과 조직개편 · 119
- 진짜 쏘고 싶으면 아군이 되어야지 왜 적군이 되려 하느냐 · · · · · · · · · 120
- 새로 부임하신 대표이사님 사격 실력 · · · · · · · · · · · · · · · · · · · 121
- 이런 건 학교에서도 하는 겁니다 · 122
- 서열 정하기는 왜 안 하시나요? · 124
- 아침 식사를 사수해라 · 125
- 휴직자 노트북은 어디로 · 126
- 옆 팀에서 잘 보관하고 있었다고 해라 · · · · · · · · · · · · · · · · · · · 127
- 영업 직원의 고민 · 129
- 팀장 변경 · 130
- 배신당하다 · 131
- 국내 프로젝트 회의 참석해라 · 132
- 포상 주어도 시원찮은 데 징계를 한다고 · · · · · · · · · · · · · · · · · 134
- 호주 출장 가서 미주 향을 개발하면 미주 향을 할 수 있습니다 · · · · · · · · 135

- 황금알을 낳으면 배를 찢는 게 동화 속 이야기만은 아니지 ········ 138
- 홍길동이도 대륙 건너 분신술 쓰는 건 우리에게 보여 주지 않았습니다 ··· 140
- 두 번째 퇴사 선언 ·· 141
- 퇴사 날짜 결정 ··· 142
- 인사팀 면담 ·· 144
- PC 보안 검사 ··· 145
- 협의해 주시면 됩니다 ·· 147
- 우리 층 최고의 실세 ·· 149
- 그렇게 열심히 일하는데 그거밖에 못 받습니까? ······················ 150
- 민란 ·· 152
- 전배 신청과 거부당함 ··· 153
- 소 잃고 외양간 고치면 다행이다 ··· 154
- 컴파일씩이나 했다 ··· 156
- 제가 상상한 것을 현실시켰습니다 ······································· 159
- 변경하고 싶으면 네가 원하는 바를 설명해라 ·························· 160
- sim 카드를 내놓거라 ·· 161
- 힘드니 살아 있네, 난 이미 죽었어 ······································· 162
- 야근을 안 한다 ··· 163
- 왜 다른 일에 참견하느냐 ·· 164
- 후배들에게 퇴직하라고 했다 ·· 165
- 제어가 안 되는 사람 ·· 166

- 니체의 '주인도덕'과 '노예도덕' · 168
- 안 받은게 아니라 못 받은 거야 · 169
- 상도덕은 지켜라 나보다 먼저면 내가 미워할 거야 · · · · · · · · · 171
- 말이 안 통합니다 · 172
- 제가 나가야 바뀌지 않겠습니까 · 173
- 이후 프로젝트 결과 · 174
- 연구소장님께 · 175
- 나쁜 게 아니라 평범한 사람들 · 176
- 나를 쓸 수 있는 사람 · 177
- 콩쥐팥쥐 · 178
- 이런저런 생각들 · 179
- 일의 본질을 추구해야 한다 · 181
- 상호존중 · 182
- 차등 생산 공동분배 · 183
- 매니저 역할 · 184
- 선배의 도리 · 185
- 왕 회장님의 본질을 보는 눈 · 186
- 현재의 충격 · 187
- 문무겸비 · 190
- 개발자의 꿈 · 191

개발자의 꿈
Developer's Dream

입사 과정

나이가 40에 이르면, 새로이 직장을 구하는 일이 어려운 것이 사실이나, 다행스럽게도 두 개의 회사로부터 입사 제의를 받게 되었습니다.

하나는 칩 관련 작은 규모의 회사로 괜찮은 금액을 제시받았고, 다른 하나는 국내 중견기업으로, 연봉은 앞의 칩 회사와 비교하여 일천만 원 이상 적은 금액을 최종적으로 제시 받게 되었습니다.

위 두 개의 회사 중에 중견기업의 경우, 최종 합격 후 인사팀과 처우 협의가 쉽지 않게 진행이 되었습니다.

다른 회사보다 연봉도 적은데, 입사 처우 중 직급을 대리로 입사를 하라는 것이었으며, 나이 40 된 특급 개발자를 대학 졸업 후 10년 차도 안 되는 대리 직급이라….

당연히 '처우 개선이 안 되면 입사를 포기하겠다'라고 말하며, 처우 조정신청을 하였고, 직급 및 연봉이 다소 상향 조정이 되었습니다.

두 회사 중 하나를 선택해야 하는데, 급여가 더 높은 칩 회사냐, 규모가 크고 인지도가 높은 중견기업이냐의 선택이었습니다.

지인들에게 "너라면 어디를 선택하겠니?"라고 물어보기도 하며 고민을 하였고, 어떤 지인은 자기의 선택이 나의 인생에서 중요한 결정이 잘못

될 것을 우려하여 대답을 주저하기도 하였습니다.

그런 친구에게는 "나는 조언을 구하는 것이지 결정해 달라는 것은 아니다. 너는 조언을 하고, 결정은 내가 한다"라며 이야기하여 조언을 들었습니다.

규모가 더 크고, 조금 더 안정적이라는 장점과 '무엇인가 내가 도전해 볼 만할 가치가 있을 것 같다'라는 생각으로 중견기업을 선택하여 입사를 결정, 입사하였습니다.

조언을 듣는 것과 결정을 하는 것을 구분해야 합니다.

일상생활에서도 종종 경험하는 일인데, 조언과 결정을 혼동하시는 분이 많습니다.

어떤 사람이 이런 말을 해서 그대로 결정을 하고, 결과의 책임을 남 탓으로만 생각하면, 주도적으로 살아갈 수 없습니다. 결정은 본인이 스스로 하고, 자기의 인생을 살아야 합니다.

업무 과정에서도 결정은 권한자 또는 담당자가 하는 것입니다. 어느 업체 조언, 또는 다른 사람의 조언으로 이렇게 결정한 것이 아니라, 조언을 바탕으로 스스로 고민하고 결정해야 합니다.

너무나 당연하지만, 현실에서는 담당자들이 이렇지 않은 것을 종종 봅니다.

입사 후 첫 소감과 성과

　많은 직장인들과 같이, 입사 후 첫 느낌은 '속았다'였으나, 다른 회사도 여기와 다르지 않다는 생각과 이미 입사를 하였으니 계속 근무를 해보자는 생각으로 새로운 회사에 적응해가고 있었습니다.

　같이 업무를 진행하는 후배들은 열정적이었으나 업무 경험의 부족으로 노력 대비 성과가 부족한 상황이었고, 후배들의 성장에 도움을 주려고 기술적인 조언을 아끼지 않았습니다.

　국내 향 프로젝트를 진행 중이었는데, 프로젝트 기간이 끝나가고 있었으나 결과물은 상품이라 하기에는 많이 부족하여 실제적으로는 일정 맞추기가 불가능한 상황이었습니다.

퇴직하시는 분들과 대화

어플 개발팀에 퇴직을 앞둔 분들이 몇 분 계셨는데, 회사 분위기를 파악할 겸 차 한 잔을 같이 하는 시간을 가졌습니다. 회사 부도에 의한 것도 아니고, 한 팀에서 한 명이 아닌 여러 명이 동시 퇴직을 한다는 것은 특이한 일이었습니다.

회사 분위기 파악의 최고는 역시 퇴직자분들과 수다를 하는 것이죠. 저는 퇴직 하시는 분들과 식사 또는 차 한잔 사드리는 것을 항상 해오고 있었습니다.

퇴직자는 무엇인가 이유가 있어서 퇴직을 결정하신 것이고, 눈치 볼 필요 없이 거리낌 없이 내화하며 분위기 파악한 수 있는 좋은 분들이었습니다.

더 좋은 처우로 좋은 직장을 가시면 기쁜 일이나, 그런 경우를 보는 경우는 많지 않습니다.

퇴직 이유
1. 업무과다
2. 어플 개발팀장과 불화

업무 과다의 경우는 안타까운 부분이 보였는데, 관리 부실이었습니다. 업무가 많은 것은 어쩔 수 없으나 '폭탄 돌리기'가 되어 줄줄이 퇴사를 결정해버린 상황이었죠.

업무가 많아 힘든 상황에서, 추가로 할당해야 할 업무가 생겼고, 추가 업무를 누가 하느냐의 문제가 발생하였으며, 이 추가 업무를 받게 되신 분이 못 버티겠다며 퇴사 선언.

'추가 업무 + 퇴사자 업무'를 남은 분들이 해야 하는 상황에서 줄줄이 퇴사 선언이 되어 버렸습니다.

'도미노 퇴사'
'업무로 하는 퇴사 도미노 게임'

저의 경우 이런 상황을 '폭탄 돌리기'라고 합니다.

업무를 맡은 사람이 업무를 감당하지 못하여 퇴사하고, 퇴사한 업무까지 추가로 부과되어서 다음 사람에게 넘어가면, 당연히 버티지 못하여 퇴사 선언의 반복.…

폭탄 돌리기의 끝은 팀이 파괴되는 것이고, 결국 개인 개발자의 문제가 아니라 업무조정의 실패의 매니징 문제입니다.

제 경험상으로 이런 일은 소통이 되지 않는 고압적인 매니저들에게 종종 일어납니다.

'신규인력을 투입하면 해결되지 않느냐?'라고 의문을 가지시는 분을 위해 설명해 드리면, 소프트웨어 개발은 초기 진입 장벽이 높은 편이라

막 투입한 개발자는 실제 업무성과가 '0'에 가까우므로 인력만 투입한다고 해결이 되지 않습니다.

'브룩스의 법칙'이라 하는데, 일정 관리와 매니징의 중요성이 보이는 법칙이며, 쉽게 말씀드리면, 프로젝트 마지막에 인력을 추가로 대량 투입한다고 해도 일정 단축에 큰 도움이 되지 않으며 오히려 일정이 지연될 수 있다고 말합니다.

브룩스의 법칙에서 말하는 것 중 하나는 필요한 인력을 계산하여 초기에 투입해야 한다는 겁니다.

후반에 투입한 개발인력이 좋은 성과를 내기는 힘듭니다.

경력 개발자이나 평사원으로 막 입사 한 제가 어떻게 해볼 수 없는 구조적인 문제로 판단하고 위로의 말씀을 드렸더니, 어플 개발팀장님과 불화를 이야기하셨습니다.

"팀장님도 위에서 시키는 업무를 누군가에게 할당해야 하는데 어쩔 수 없는 문제가 아닙니까?"라고 이야기했더니, 겪어 보면 알게 된다면서 두 가지 이야기를 해주셨습니다.

1. 팀장이 권위적이라 기술적 설명이 통하지 않는다

근거 : 패킷 단위로 변환하는 것이 있고, 국제규격인데 오류를 설명해도 이야기가 안 된 적이 있으며, 개발 진행하게 되면 버그를 확인하게 될 것이다.

2. 1분 단위로 계획서를 내놓으라고 비상식적인 요구를 하기도 한다.

위의 두 가지 이야기는 이때는 이해할 수 없던 부분이었으나, 이후 직접 몸으로 체험하고 퇴사한 분들의 이야기를 떠올리게 됩니다.

'버티지 못해서'라는 단어가 가슴 아프게 다가옵니다.

이론가들은 '업무를 주도해야 한다.'라고 말하지만, 탁상공론일 뿐이고, 많은 직장인들이 버티기가 힘든 것이 사실입니다. 주위 가족이나 친구분 직장 다니시는 분들께 "버티기 힘들지."라는 위로의 말씀을 부탁드립니다.

프로젝트를 한 달 안에 완료 시켜라

입사 후 3주 정도 되었을 때, 연구소장님 주관 회의에 호출되었고, 저에게 본격적인 업무지시가 떨어졌습니다.

연구소장 : 현재 진행 중인 국내 향 프로젝트를 한 달 안에 완료시켜주세요.
나 : 아직 업무 파악도 안 된 상태라 한 달 안에 완료하는 것은 실질적으로 어렵습니다.
연구소장 : 경력으로 뽑았는데 이걸 왜 못한다고 해?
나 : 처음부터가 아니라 장기간 진행되어 온 프로젝트로 지금 제가 마무리 하기는 무리가 있습니다.

강압적인 분위기에 업무를 떠맡기려는 연구소장님과 안 맡으려는 저의 대화가 몇 번 오고 가게 되었습니다

저는 알고 있었습니다.
현재 진행 중인 프로젝트는 아직 많은 시간이 필요하다는 것을….
이해할 수 없는 부분이 회사의 미래 중대 사업으로 1년 정도 개발을 진행하고 있는 대규모 프로젝트인데 입사 후, 한 달도 안 된 사람에게 1달 만에 완료시키라고 하는 건 무슨 상황인가.

'폭탄 돌리기'구나.

속된 말로 말아먹은 프로젝트 담당자를 마지막에 바꾸어서 지금까지 진행한 사람이 아닌 마지막 담당자에게 책임을 떠넘기려는 구나.

더 높은 연봉을 준다는 직장을 포기하고, 이곳에서 근무하며 뭔가 해 보려는 멋진 꿈을 꾸고 있었는데, '여기는 안 되나 보다'라는 생각을 하며 회의 내내 고개를 숙이고 있었습니다.

프로젝트 종반에 와서 무리하게 다 해내라는 것은 매니저들의 무능력을 말합니다.

모든 프로젝트가 성공할 수는 없습니다. 그러나 프로젝트 후반에 가기 전에 무엇인가 하려는 강력한 매니저의 노력이 있어야 합니다.

그것이 없다면 상황 파악도 못 하는 무능한 매니저일 뿐입니다.

망해가는 프로젝트 종반에 와서 잘하는 개발자 하나 뽑아서 다 해결하려는 것은 '슈퍼맨 데리고 전 세계와 전쟁하면 이길 수 있다'라는 말과 차이를 못 느끼겠습니다.

현실에서 슈퍼맨은 존재하지도 않는 것인데….

퇴사 신청

연구소장님과의 회의가 끝나고 다음 날, 팀장님과 면담을 요청하였고, 퇴직 선언을 하였습니다.

"프로젝트를 맡아서 진행하지 못해서 죄송합니다. 진행할 수 있는 분을 뽑으셔야 하니 저는 퇴사 하겠습니다."

팀장님은 만류하셨으나 처우 문제도 언급하며 퇴사 결정을 번복하지 않았습니다. 당연히 번복할 거면 말하지도 않는 것이지, 그냥 번복할 이유도 없었습니다.

이후에 팀장님께서 처우 개선으로 연봉 500만 원 인상을 제의해 주셨고, 입사 한 달도 안 된 시기에 처우 변경까지 해주신 성의를 받아들여 계속 근무하는 것으로 마음을 바꾸었습니다.
 금액이 문제가 아니라 나를 인정하느냐의 이유가 더 크지 않겠습니까? 연봉 시작 금액이 너무 낮아서 인상 후의 금액도 저에게는 그냥 그런 정도 수준이었습니다. 지금 당장 회사를 퇴직 후, 새 직장을 구해도 그 이상을 받을 수 있는 금액 수준.

금전적 관련하여 어떠한 것도 보장해 줄 수 없다

　직원 처우 문제는 팀장님 권한이 아니기 때문에 이후 팀장님께서 연봉 인상 관련하여 윗분들과 협의 진행 중이었던 것으로 보이며, 어느 날 연구소장님께서 저를 호출하셨습니다.
　면담은 일대일로 진행되었습니다.

　연구소장님의 요점은 '금전적 관련하여 어떠한 것도 보장해줄 수 없다'라는 것이었습니다.

　실질적으로 '처우 변경은 없다'라고 보는 것이 옳은 해석이라 봅니다.
　실망감이 첫 번째였고, 자존심 문제도 생기기 시작하게 되었습니다. 조용히 일하고 있는 사람 무리한 요구로 퇴직 선언하게 만들더니 처우 상향 조건으로 계속 근무한다고 협의된 건데, '내가 뺑카를 친다고 생각하고 있는 건가'라고 생각이 되는 면담이었습니다.
　이미 마음의 결정은 하였지만, 상급자인 연구소장님 최소한의 예우로 면담에서 즉시 답변을 하지는 않고 "고민해 보겠습니다."라고 만 답변을 드린 후, 일단 그 자리를 피했습니다.

　다음 날 팀장님께 먼저 면담을 요청하였고, 어제 연구소장님께 드리지 못한 답변을 드렸습니다. 저의 대답은 당연히 "NO". 솔직하게 감정적으로도 기분 나쁜 상태라고 말씀드리며, 좋은 분 잘 뽑으시는 것이 맞는 상황이니 저는 퇴직하는 것으로 이야기해 드렸습니다.

어찌 되었든 팀장님은 저에게 잘해주려고 노력하셨으나 팀장님의 상급자분이 거부하신 상황에서 팀장님 권한을 벗어난 부분이 되었습니다.

용장, 지장, 덕장으로 훌륭한 장수를 나누는데, 당시 팀장님은 '덕장' 타입으로 보입니다.
펌웨어는 잘 모른다고 하시며 실무적인 부분은 위임하시면서도 상황에 맞게 외부 팀과 업무 조율을 해주셨습니다. 자기 경력에 맞는 업무를 하시면, 용장 또는 지장도 되실 수 있으나, 펌웨어를 하는 저에게는 덕장 타입이었습니다.

며칠 후

팀장 : 인사팀장님 면담이니 다녀오세요. 협의된 처우를 해 주신다고 합니다.
나 : 이전에 제가 동의한 처우 부분에 대해서는 이미 회사에서 거부하셨습니다. 이미 말씀드린 대로 저는 퇴직으로 결정하였습니다. 회사에서 거부한 협상안 500만원 인상에 대하여 저는 더 이상 동의하지 않습니다. 퇴직 면담으로 생각하고 다녀오겠습니다.

<u>스스로</u> 생각해도 이 정도의 배짱은 되어야 하지 않을까 생각한다. 협의가 된 안을 일방적으로 거부한 후, 다시 협의된 안으로 하자는 것은 좀

납득하기 어렵다.

속된 말로 찔러보고 간을 보려는 느낌.

결국, 500만 원 인상은 내가 거부하고 퇴직하기로 이미 결심한 상태였고, 문제는 인사팀장님 면담이었다.

연봉 500 올려주려는 인사팀장을 깼다는 소문의 진상

결과를 먼저 말하면, 인사팀장님 면담은 '인사팀장이 깨졌다.'라고 사내에 소문이 퍼지는 계기가 된다.

면담 후 언짢은 모습을 자주 보여 주셔서 그렇게 소문이 퍼진 것으로 보이나, 어떻게 일개 평직원이 인사팀장님을 깰 수 있겠는가?

입시 과정에서 일어난 일을 먼저 언급하면 강하게 시작하였다.

나 : 입사 전에, 40살 먹은 개발자를 대리급으로 처우를 해주시며, 저에게 입사하지 말라며 이렇게 신호를 주셨는데, 제가 눈치도 없이 입사해서 죄송합니다.

인사팀장 : ....사내 규정이 그래서...

나 : 처우 협의에서 삭제된 경력 각각은 현재 업무에서 필요하며, 다른 분들이 모르는 부분이라 과거 경험으로 제가 진행하고 있는 부분입니다. 즉 현재 저희 팀에서 필요한 경력입니다. 이러한 경력을 인정받지 못한다는 것은 합리적인 부분이 아니니 회사 인사 규정을 합리적으로 고쳐 주셨으면 합니다. 저는 이미 어쩔 수 없으나 이후 입사하시는 분들은 이런 불합리한 상황이 없도록 인사 규정을 고쳐 주시기 바랍니다.

인사팀장 : 우리 회사가 중견기업으로 좋은 회사이니 고민해 주세요?

나 : 지금 당장 나가서 다른 회사를 구해도 현재 연봉 이상을 받을 자신이 있습니다. 밖에서보다 챙겨주지도 못하는데 좋은 회사라고 하는 것은 전이해 할 수가 없습니다. 다른 분들에게는 좋은 회사이지만, 저에게는 좋은 회사가 아닐 수도 있습니다.

인사팀장 : 처우를 상향시켜 줄 테니 계속 근무해 주었으면 합니다.

나 : 제가 동의한 협의는 이미 회사에서 거부하신 부분이니, 이미 파기된 협의안입니다. 그리고, 저도 일방적으로 파기된 안에 대해서 동의할 수 없습니다. 이미 알고 계신 대로 퇴사하겠습니다.

　　인사팀장님께 인사를 드린 후, 첫 대사부터 강하게 나갔고 결과는 당연할 뿐이다. 이미 협의된 안은 회사에서 먼저 거부한 것이니 없던 거로 하자는데 어찌하겠는가? 인사팀장님이 저에게 서운하게 하신 부분은 없었으나, 이미 기분 상하고 자존심 구겨진 개발자의 마지막 자존심은 세워야 했다.

　　지금 돌이켜 보아도 어느 정도 논리적으로 잘 이야기한 것 같다. 분노가 쌓이면 더 논리적으로 되는 것은 아닐 텐데 말이다.

이전 조직책임자의 재입사

    진행 중인 프로젝트 완료를 위하여, 퇴사하셨던 분이 재입사를 하셨다. 내가 먼저 진행 중인 국내 향 프로젝트를 거부하였고, 나 말고도 같이 일하고 있던 책임자분도 거부하셨던 것으로 보인다. 보통은 재입사가 쉽지 않으나 프로젝트가 너무나 급하게 진행되어 가능했던 것으로 보인다. 재입사하신 분은 나와 같은 학번이고, 현재 내가 일하고 있는 펌웨어 파트의 이전 책임자 역할을 하셨고, 프로젝트 초반쯤에 퇴직하셨다고 들었다.

    내부 상황과 업무 상황 그리고 프로젝트 초반 상황까지 알고 계시긴 하니 '이 프로젝트를 한 달에 완료한다고?', 미안하지만 절대 불가능이다. 물론 나의 예측이 틀리기를 바라지만 지금까지 틀려본 적이 없다. 잘하는 고수라면 분명 알고 있을 것이다. 불가능하다는 것을 그러나 외부적으로는 "복귀하신 분이 잘 진행하실 겁니다."라고 만 말했다.

    내가 진행할 프로젝트도 아니고, 입사 한 달도 안 되어서 이런 말 저런 말 할 필요성이 없었다. 다른 대책을 가지고 있지도 않으면서, 안 된다고 말을 해야 할 이유도 없었다.

    정말 이상한 것은 그렇게 중요한 프로젝트인데 지금 와서 이 난리를 치는 건지 모르겠다. 뭔가 사정이 있겠지만, 회사의 미래라는 중요 프로젝트가 심각하게 방치되었다는 느낌뿐이었다. 1년 동안 뭐 하다가 한 달 만에 완료하라고 이 난리란 말인가? 중환자(급한 프로젝트)는 있는데, 제대로 된 보호자(관리자)는 없었다.

퇴직이라는 말을 꺼내면 천만 원부터

인사팀장님 면담 후, 더 높으신 분과 면담이 있었다.

나 : 협의가 이뤄진 사항을 회사에서 거부하셨으므로 이미 파기된 제안에 대해서 저는 더 이상 동의하지 못합니다.
경영감사 : 500으로 안되면 얼마를 원하는지 말해봐라

후미, 아무런 생각을 안 하고 있었는데 합리적인 금액을 제시해야 했다. 500만 원보다 높으면서 합리적인 금액이 무엇일까? 고민하다가 아래와 같이 말했다. 순발력 있게 즉석 답변한 것이며 과거 이력으로 정당성까지 주장하며 답변을 드렸다. 답변에 걸린 시간은 1초 정도였던 것 같다.

나 : 제가 제시한 희망 연봉으로 해 주십시오. 입사 전에 제시한 금액이며, 이전에도 퇴사 신청 후 천만 원 인상 후 계속 다닌 적이 있습니다.

입사 전에 고민했던 칩 사에서 제시한 금액보다는 조금 적은 금액으로 입사 때 협의된 금액대비 많이 상향된 금액이나, 터무니없는 금액이라 말하기는 어렵다. 이미 제시된 희망 연봉이니 정당한 금액이라 할 수도 있는 수준이었다.

경영감사 : 검토 후 알려주겠다.

경영 감사님의 은혜와 퇴사 취소

결국, 우여곡절 끝에 이력서에 제시된 희망 연봉으로 협의되었고, 회사를 계속 다니게 되었다. 이미 입사한 직원의 처우 변경이라 대표이사님 결재까지 받았다고만 알고 있다.

입사 한 달 만에 연봉 천만 원을 올려주지 않으면 퇴사하겠다는 직원, 그걸 결재해 주시는 대표이사님….
'덤앤더머' 영화의 두 바보가 생각날 수도 있습니다. 결재 요청하는 기안을 올리시는 분도 있으니 '트리플 덤'이 정확하겠군요. 기안하셨던 경영 감사님이 많은 역할을 해주시지 않으셨을까 추측해 봅니다.

어찌 되었든, 이 자리를 빌려 두 분께 감사 인사를 드립니다.
"어려운 결정을 해주신 대표이사님과 경영 감사님, 저를 인정해 주셔서 진심으로 감사드립니다. 후회 없는 결정이 되도록 만들어 드리겠습니다."

이 결정으로 회사에서 손해를 보았을까? 아니면 이익을 보았을까? 끝까지 보시고 판단해 주시기를 부탁드립니다.

소문이 퍼지다

나는 말한 적이 없으나, 나의 시작 연봉과 자세한 내막은 모르는 채로, 소문이 퍼졌다. 입사 한 달 만에 회사 전체 직원이 알고 있는 소문의 주인공이 되었다.

"인사팀장이 연봉 500 올려준다고 불렀는데, 인사팀장을 깼대."
"결국, 연봉 천만 원이 올랐다고 하던데."

'퇴직이라 말을 꺼내면 천만 원부터'라는 이미지가 강하게 남았는지, 연봉 천만 원을 올려주지 않아서 인사팀장님이 깨졌다는 소문이 퍼진 것 같으나 실상은 그렇지 않습니다.
　어떤 연봉을 받느냐가 중요한 게 아니라, 거기에 합당한 실적을 낼 수 있는지가 중요한 것인데, 그 정도 못 하는 사람도 아니고 별로 신경 쓰지 않으려 했습니다.

'네임드'라는 말의 뜻이 '나는 몰라도 다른 사람들은 알고 있는 사람'으로 표현 할 수 있을 겁니다.
　이렇게 저는 입사 한 달 만에 회사의 네임드가 되었습니다.

시스템 감시 프로그램 구현

* 용어설명 : watchdog란? '집을 지키는 개'라는 뜻으로 임베디드 시스템에서 비정상적인 동작이 발생 시 시스템을 리셋 시키는 기능이다.

복잡한 상황을 거쳐 계속 일을 하는 것으로 되었고, 급하다는 국내 향 프로젝트에 무얼 할 수 있을까 고민을 했습니다.

'밥값은 해야 하지 않겠는가?'

프로젝트 막바지라 하드웨어 수정은 당연히 불가능하고, 내부 설계 변경도 기간 내에 할 수 있는 것은 아니었고, 적용 시 단기간에 확실한 효과를 기대할 수 있는 부분으로 해야 했습니다.

고민 끝에 watch dog 구현을 결정하였습니다. 종종 프로그램이 먹통이 되어서 리셋을 해주어야 정상 동작이 되는 경우가 있었고, 잠시 살펴본 바로는 프로그램 한 두 곳을 수정하는 게 아니라 전체를 뜯어고쳐야 하는데 당장 할 수 있는 것은 아니었습니다.

실현 가능한 실질적인 방안으로 이상 상태 발생 시 리셋을 하여 정상 상태가 될 수 있도록 하는 것이 최선이라 판단했습니다.

구현을 어떻게 할까 고민을 하였고, 사용하고 있는 STM 32 칩을 파악해보니 칩 자체에서 지원이 되는 기능이라는 것을 확인하였습니다. 다행히 사용하고 있는 칩을 잘 아시는 프리랜서분이 계셨고 그 분의 도움을 받아서 구현 및 적용하게 되었습니다.

저에게는 처음으로 사용하는 STM 32 칩이었습니다. 처음 사용한다는 것이 문제가 아니라, 칩에 대한 개념과 이해만 있으면 처음이라도 업무에 크게 문제가 되지 않는다고 생각하지만, 채용공고를 보면 칩 사용 경험을 중시하는 경향이 강한 것이 사실이죠.

기교, 내공, 주화입마

무협지를 보면, '기교'와 '내공'으로 무공 실력을 판단하는데, 이것은 개발자를 판단하는데도 똑같이 적용됩니다. 특정 업무에 경험이 있고 그것을 알고 있다는 것은 '기교'이며, 본질적인 동작 원리를 알고 이해하는 것은 '내공'입니다.

'기교'도 중요하지만 '내공'이 높으면, 어떠한 기교든 습득하여 보여 줄 수 있습니다.

일반적으로 기교를 판단 기준으로 삼는 것은 어쩔 수 없지만, 고수들은 내공을 판단 기준으로 합니다. 기교는 금방 습득이 되나, 내공은 단기간에 습득할 수 없습니다.

학교에서 배우는 건 필요가 없다는 분도 계신데, 학교에서 배우는 것은 기교가 아니라 내공의 기초입니다. 근본적인 동작 원리를 배우죠. 내공의 기초를 쌓는 겁니다. 학습한 동작 원리를 실무에서 이해하는 순간이 성장하는 때입니다. 내공과 기교가 하나로 되는 겁니다.

요즘엔 학교에서 내공보다 기교를 중시하는 경향을 보이기도 하는데, 고수를 키우는 것이 아니라 중수를 많이 키우려는 방법입니다. 뭔가 잘하는 것처럼 빨리 보여 주려면, 기교를 가르치면 됩니다. 그러나 내공 없이는 절대 고수가 될 수 없습니다.

개발자 중에 기교에 집착하는 사람들은 구현 내용조차 잘 설명해 주지 않으려 합니다. 이런 분들은 기교에 집착하는 분이며, 고수라고 생각하지 않습니다. 고수들은 설명해 주어도 따라 못한다는 것을 알고 있습니다. 고수가 아니면, 이미 보여 준 기교만 따라 하기도 벅차하는 것이죠.

무협지에서 고수를 함부로 따라 하다가 폐인이 되는 것을 '주화입마'라고 하는데, 이것도 개발자에게 적용됩니다. 기교만 보고 따라 하다가 상황의 차이점을 모르고 버그를 만들고, 수습을 못 하게 되죠.

많은 분이 하는 이야기지만 제가 처음 하는 업무에 어떻게 성과를 내는지 궁금해하시는 분들이 있어서 간단히 설명해 드렸습니다.

잘 모르시는데

　국내 향 관련 수정된 부분과 이슈 관련하여 연구소장님 주관으로 회의가 진행되었고, 기술적인 부분 설명을 한 시간가량 한 것으로 기억한다. 여러 질문을 받았고, 거기에 답변했다. 설명하고 질문받으면, 설명한 내용을 이해하고 있는지 알게 된다. 설명한 것을 이해하지 못하는 답답함이 계속되었고, 연구소장님은 펌웨어 관련 업무를 하지 않는 것으로 생각하였다. 모든 것을 다 알 수는 없으니, 모르실 수도 있는 것이었다. 회의 마치고 연구소장님이 나가신 후, 답답한 마음에 나도 모르게 '잘 모르시는데'라고 말이 튀어나와 버렸다.
　나중에 안 일이지만 사내 최고의 펌웨어 전문가를 자칭하고 계셨던 분이었다.

　내가 하는 설명은 서버, 펌웨어, OS, 통신, 드라이버, 하드웨어, ui, 개발 이론 등 여러 영역을 넘나들기 때문에 쉽게 하려고 노력은 하나, 다양한 지식이 없으면 이해가 쉽지 않을 것이다.

　기술적인 내 설명을 모두 이해하는 분은 당시 실장님이셨다. 딱히 많은 질문을 하지도 않으셨으나, 간단히 몇 마디 하시는 것을 보면 완전히 이해하신 것으로 보인다.

공짜는 양잿물도 마신다

어플팀에서도 신입사원이 입사하였고, 옆 팀 여사원분이 "신규입사자 분들 비품 신청을 하는데, 같이 결재 올리려고 하니 올려드릴까요?"라는 질문을 했다.

나 : 뭔지 모르지만 일단 신청해주세요, 공짜는 양잿물도 마십니다.

일하는 방법에 대한 부분을 생각해보려고 한다.
실제 업무를 하다 보면 각자 하면서 두 번 일하여, 조직 관점에서 낭비가 발생하는 경우가 많다. 모아서 하면, 모으는 담당자분의 번거로움이 늘어난다. 의견 수렴하고 확인하고 결재하고. 개인으로서는 힘들지만, 조직 전체로 보았을 때 이 방법이 이익이며 효율적인 방법이다.

적극적이고 팀워크가 좋은 직원들은 자기가 조금 번거롭고 힘들더라도 팀플레이를 한다. 이런 분들이 모인 팀은 뭔가 즐겁고, 업무가 원활히 잘 풀린다. 이런 분들이 회사의 일꾼이다. 자기가 좀 힘들어도 팀플레이를 잘하시는 분. 회사에 꼭 필요한 일꾼.

렌트카의 편법

옆 팀에서 몇 분이 결제 문제로 회의 중이었다. 회의실이 아닌 내 옆에서 회의하셔서 들을 수 있었다. 내용을 살펴보니, 업무상 실제 테스트를 승용차로 하기 때문에 차를 빌리는 경우가 종종 있는데, 팀장님 1회 결제 상한선이 있어서 5일간 차를 빌리게 되면 실장님 결재가 필요한 상황이었습니다. 결재를 어떻게 하느냐로 결정을 못 내리고 있었다.

나 : 팀장님이 관련 비용 사용에 대해서 긍정적이신가요? 부정적이신가요?
후배님들 : 업무상 테스트에 필요한 것이기 때문에 결재에 이의 제기하지 않으십니다.
나 : 현재 업무 진행 중인 분이 몇 분이시죠? 5명 이서 하루씩 5일간 빌려서 결재 올리세요. 그럼 결재 상한선을 넘지 않습니다.
후배님들 : 렌트카에서 하루 단위로 빌리면 반납 후 다시 빌려야 합니다.
나 : 렌트카 직원한테 법인으로 빌리는 것이고, 법인 직원들 사이에서 5일간 서로 인수인계를 하니 마지막 날에 반납한다고 하면 인정해 줄 겁니다.
후배님들 : 그건 편법이잖아요
나 : 편법이 맞죠. 그러나 일을 유연하게 하기 위한 좋은 편법이지 악용은 아닙니다. 직원이 하루씩 테스트하기에 필요한 결제일 뿐입니다. 이 정도는 감사를 나와도 징계를 받을 일도 아니고 유연한 일 처리입니다. 뭐하시면 제가 이렇게 하라고 했다고 하세요. 제가 책임질게요. 편법이 나쁜

게 아니라 악용하는 것이 나쁜 겁니다. 혼나는 거 무서워하는 사람은 아무것도 못 해요.

직장에서 상급자분들은 1회 결재에 대한 권한을 가지고 계신 경우가 있는데, 1회 결재에 대한 금액의 상한선이 있다. 그리고 보통 월 단위로 결재 금액 총합에 대한 상한선이 있다.
큰 금액을 쪼개고 나누어서 룰을 지키는 방법을 제시해 주었으며, 많이 쓰는 방법입니다.

시계가 돌아간 것일 뿐
많은 일을 하고 있다고 생각하지 않는다

내가 속한 팀은 펌웨어 팀인데 야근이 너무 많았다. 이미 육체적 한계가 온 상황이라 보는 것이 맞았다. 야근보다는 심야 근무 후 출근을 늦게 하는 것이 일상화되어 있었다. 이분들에게 폭탄 같은 말을 했다.

"힘들게 늦게까지 일하시는 분들께는 미안하지만, 시계가 돌아간 것일 뿐 많은 일을 하고 있다고 생각하지 않습니다. 매일 밤늦게까지 자리를 지켰다고, 일 잘했다는 말은 절대 들을 수 없습니다. 매일 힘들게 늦게까지 일한 결과로 어떤 성과가 나왔는지 저에게 설명해 주셔야 합니다. 분명 윗분들은 여러분의 성과에 만족을 못 하고 있을 겁니다. 물론 노력을 인정하시기 때문에 꾸중까지는 하지 않으시겠죠.

저는 정시 출근해서 10시 정도까지 일합니다. 저하고 실제 일한 시간을 비교해 보시면 어느 정도나 차이가 나죠? 여러분의 실제 출근 시간 퇴근 시간 일한 시간을 비교해 보시면 저와 차이가 얼마나 되나요? 일하는 방법이 잘못된 겁니다. 집중해서 8시간 프로그램을 짜면 머리가 멍해져서 더 이상 일할 수 없는 상태가 됩니다. 그 정도 집중해서 일했으면 그날은 가서 쉬세요. 그래야 더 많은 성과가 나옵니다.

이미 시계가 돌아간 상태라, 시차 적응을 해야 해서 갑자기 바꿀 순 없으니 천천히 바꾸세요. 지금처럼 일하면 '수고한 사람'은 되어도, '일 잘하는 사람'은 절대 될 수 없습니다."

매일 심야까지 야근하시는 후배에게 강한 말을 할 수 있었던 것은 기존 일하시던 후배님과 교감을 가지고 있어서 가능한 것이었다. 아무런 교감이 없이 이런 말을 하게 되면 '싸우자는 거지' 그 이상이 되기 힘들다.

심지어 이런 말도 했다.

"저는 왜 망치는 것도 힘들게 하는지 이해 못 하겠습니다. 많은 프로젝트가 망치는 것도 힘들게 합니다. 최소한 망하는 건 쉽게 해야죠."

업무를 천천히 해라

우리 팀 분들은 펌웨어 전문가가 아직은 아니었다.

펌웨어 분야는 소프트웨어와 하드웨어를 모두 이해해야 해서, 업무를 배우는 데 많은 시간이 필요하다. 모르는 상태에서 빨리 업무를 진행하려고 하니 결과에 집착하게 되고, 완전히 이해하지 못한 부분들로 인하여 버그가 종종 발생했다. 그래서 이렇게 후배들에게 이야기했다.

"일 좀 천천히 해. 천천히 하라는 사람은 처음 보는 거지? 이해하면서 천천히 하는 방법이 젤 빠른 거야.

나하고 처음 일하는 사람들은 나한테 이것도 모르느냐고 항상 말해. 난 모르는 건 모른다고 하거든. 나는 처음 하는 일이라 모르는 것부터 이해하고 파악부터 하고 있거든, 자기들은 아는 건데 삽질하고 있으면 답답해 보이겠지. 그런데 나중 되면 나한테 어떻게 빨리했냐고 물어봐

'천천히 해라'는 뜻은 정확히 이해하는 시간을 가지라는 거야. 그래야 버그가 없이 한 번에 끝나. 참고로 난 '다 안다'라는 사람 안 무서워해. 뭘 모르는지도 모르는 사람이 뭐가 무서워. 근데 모른다고 하는 사람은 무서워, 안다는 걸 확실히 알고 있거든.

예전에 차량 관련 업무 처음 할 때 3개월 만에 해야 하는데 2개월 동안 코딩을 한 줄 안 한 적도 있어. 우리 팀장이 나를 맨날 불러서 물어보면 어찌어찌하겠다는 계획은 다 대답했지. 코딩한 것이 있냐고 하면 아직

하나도 안 했다고 답했어. 그게 사실이거든.

    결국, 3개월 기간 중 2개월 동안 코딩을 한 줄 안 하다가 2주간 코딩해서 프로젝트 일정 맞춰 본 적도 있어.

    뭘 해야 하는지도 모르는데 어떻게 코딩을 해, 뭔지도 모르고 하는 코딩이 제대로 될 거 같아? 몽땅 다시 해야 하는 거야. 몽땅 다시 하는 반복 없이 한 번에 하는 게 가장 빨라. 이것이 내가 아는 가장 빨리 일을 끝내는 방법이야!!"

    소프트웨어 개발 방법론에 따르면 요구사항분석-설계-개발-검증의 단계를 거쳐서 한 번에 진행하는 폭포수 방법론이 가장 빠른 방법론이다. 물론 오류 발생 시 수정이 어려운 단점이 있지만, 방법론적으로도 가장 빠른 방법이 맞고, 내가 좋아하는 방법론이다.

    차량 업무를 처음 할 때의 설명은 그런 일도 있었다는 정도만 언급해 드리고, 다음 기회에 자세히 이야기해 드리겠습니다.

내가 시킨 건 내가 시켰다고 해

"내가 시킨 게 혹시 잘못되어서 다른 분이 뭐라 하면, 내가 시켰다고 해. 그분이 나한테 뭐라고 할 수도 있겠지. 그래도 상관없어. 내가 잘못시킨 것은 나도 알아야 해. 나는 어떻게 할 거냐고?

잘못했다고 하면 되지 뭐. 담당자로서 잘못될 거 같으면, 나에게 미리 이야기는 좀 해줘."

슬프게도, 자기가 지시한 것이 잘못 되었을 때, 숨어버리는 매니저들이 의외로 많다.

사장님 간담회

우리 팀 후배 한 분이 사장님 간담회에 참석하면서 나에게 이렇게 말한다.

후배 : 어차피 이야기해도 지금까지 요청하지도 않았다고 할건데 의미가 없어요. 요청해도 그 부서에서 해주지도 않아요.

나 : 당연하지. 사장님 간담회는 요청한 게 안된 걸 터뜨리는 자리지 가만히 있다가 뭐가 안된다고, 불평하는 자리가 아니야. 하루 이틀 장사하는 거 아니잖아. 안 해주는 거 알지 그래도 정당한 건 다 요청하고 거부당한 거 쌓아둬. 거부당했단 근거를 만들어 두는 거지. 근거를 기반으로 이러한 정당한 요청을 했는데 거부당한 거라고 터뜨려야 해. 그래야 바뀌는 거야. 아마 사장님은 '아무것도 안 하고 가만있다가 뭔 뚱딴지야'라고 생각 하실 거야.

남이 바꾸어 주기를 바라기만 해서는 절대 바뀌지 않는다.

자신은 가만히 있다가, 바뀌기만을 기다려서 이익만 보려고 하는 것을 '무임승차'라고 한다. 무임승차가 잘못된 것은 아니지만, 무언가 바꾸어 보려고 하는 사람들을 바보스럽다고 생각하진 말자.

남한산성 야유회 : 일등을 포기하면 행복할 수 있다

회사 전체 야유회를 가게 되었고, 나에게는 처음으로 가는 남한산성 유원지였다. 서울에서 20년 이상 사는 중이었으나 남한산성에 가본 적은 아직 없었다. 남한산성은 서울 근교의 괜찮은 관광지였다. 그러나 직장인이 휴일에 출근하라고 하면 누가 기분 좋으랴? 회사에서는 비용을 쓰는 거고, 직원들은 싫은데 출근하는 거고.

이벤트 행사로 사진 촬영 대회가 있었고, 팀마다 사진 촬영을 해서 1위 팀에 부상으로 상품권을 주는 행사가 있었다. 팀원분들이 이걸 해야 하고 저걸 해야 하고, 뭔가 바쁘게 해야 할 회사에서 지시한 리스트들을 이야기했다. 우리 팀에서는 내가 제일 상급자인 상태였고 이렇게 말해 주었다.

"맨날 뭔가 바쁘게 하는 건 많이 해왔잖아. 1등을 포기하면 행복해질 수 있어. 평일에 일하느라 힘들었는데, 오늘은 출근까지 해서 이것저것 하느라 스트레스받지 말고 오늘은 그냥 천천히 '슬로우 라이프'를 즐겨 봐. 회사에서 온 거라 마음대로 할 수는 없지만, 시키는 건 기본만 하고 1등은 포기. 오늘은 그냥 마음 비우고 천천히 즐겨. 오늘은 쉬는 날이야. 우리는 업무로 일등을 해야지 이런 건 일등 안 해도 돼."

근데 이게 어찌 된 건지, 1등 상은 불참자도 많은 우리 팀에서 받았다.

"우리 팀은 포기했습니다. 대표이사님~~ 그러나 주시면 감사합니다."

공휴일에 일정이 잡힌 회사 야유회는 회사 측에서는 '출근'이라는 표현조차 쓰지 않는다. 그러나 참여하지 않으면, 뭔가 있을 것처럼 무언의 압박을 준다.

이날은 일당으로 상당한 가격의 좋은 식사와 상품권을 받았다. 그거 받고 하루 출근하느냐고 하실 분들도 있겠지만, 상품권도 못 받은 분들이 더 많다.

팀 후배의 휴직

팀 후배 한 명이 퇴직하려고 했다. 원인은 업무 과다로 인한 스트레스가 문제였다. 일꾼을 혹사시켜 소모품으로 만들어 소진 시켜 버리는 것은 관리자로서 최악이라 본다. 부장까지는 승진해도 임원은 절대 될 수 없는 쓰레기. 암적인 존재. 인권 문제 때문에 이렇게 말하는 게 아니라, 조직을 망치는 사람이라 이렇게 강하게 말한다.

작은 성과라도 나오기에, 위에서는 어쩔 수 없이 쓰는 관리 못 하는 관리자일 뿐이다. 혹사시켜 버리기를 계속하면 진정한 일꾼은 다 소모되고 슬슬 구경하는 사람만 남아서 조직이 와해한다.

최종적으로는 휴직하는 것으로 결정이 되었는데, 이 후배의 노트북 분실 사건이 나중에 일어나게 된다.

의외로 조직이 무너지는 원리는 간단하다. 일꾼이 인정받고 살아남느냐, 소모되고 버려지느냐로 결정된다. 일꾼이 다 소모되면 어떻게 되겠는가 더 말이 필요하신가? 한번 일꾼이 사라진 조직은 정상화가 거의 불가능하다. 새로이 구성하는 것이 빠르다.

무리하게 혹사 시키는 것 이외에 다른 방안이 없다고 반문하시는 매니저들은 '내가 능력이 안 되는구나'라고 생각하면 된다. 내가 알고 있는 어떤 잘하는 매니저는 혹사 이외 다른 방법이 없다고 하는 걸 본 적이 없다.

"능력 없는 매니저가 혹사만 시킨다."

리더쉽을 가진 매니저들은 자발적으로 열심히 일하는 직원으로 만들어서 일을 시키고 성과를 낸다.

후배 풍이 오다

시간상으로는 조금 후에 일어나는 일인데, 스트레스와 업무 과다로 인한 문제로 판단하여 같이 언급해 봅니다.

출근 후 아침에 후배 한 명이 발이 좀 이상하다 하여서 살펴보았는데, 심각하게 부어 있었다.

나 : 어제 퇴근 이후로 지금 부어 있는 곳을 강하게 부딪친 적 있어요?
후배 : 딱히 그런 기억은 없습니다.
나 : 맨살도 아니고 양말을 착용한 상태에서 이 정도면 상당히 많이 부은 건데, 외부타격이 아니면 심각한 거야. 병원 다녀와, 이거 심각해. 외출로 해서 근처 병원 다녀오면 되지 뭐.

병원에서 검사를 받았고 '풍'으로 판정받았다. 노인성 질병인데 좀 심각했다.

오후가 되어서 후배가 나에게 이런 말을 했다.

후배 : 선배님 말대로 오전에 병원 안 다녀왔으면, 지금은 병원 가지도 못할 뻔했습니다. 상당히 많이 아픕니다.

바람(풍)들면 많이 아프다고는 들었는데 겪어 보지 않았지만, 진짜로 많이 아픈 것으로 보이긴 합니다. 순한 후배인데, 부어 있는 발을 좀 만져보자고 다른 팀원이 말하니, 전투 모드로 변경되어 갑자기 싸우려고 합니다.

차량 배터리 잔량 확인

차량 배터리 전압을 확인하는 로직이 있는데, 이 부분이 이슈가 되어서 확인 요청을 받았다.

이슈 내용은 배터리 전압이 갑자기 변하는 구간이 있어서 측정 오류로 보인다는 것이었다. 소스 및 실제 측정치를 검토해 보았는데, 딱히 문제되는 점은 없다고 판단했다.

나 : 딱히 문제라고 보이는 부분은 없습니다.
검토요청자 : (화를 내면서) 배터리 전압이 이렇게 급하게 변하는 데 왜 문제가 없다는 거죠?
나 : 그 구간은 차량에 있는 제네레이터 동작 여부에 따른 현상이며 정상 동작입니다.
검토요청자 : 차량 배터리 전압이 이렇게 갑자기 변한다는 게 말이 됩니까?
나 : 배터리만 보면 말씀하신 것이 맞지만, 차에는 제네레이터라고 배터리 전압이 낮으면 충전을 시키기 위해서 동작하는 충전 장치가 있습니다. 배터리가 너무 낮아서 제네레이터 동작이 'ON' 상태가 되었고, 배터리 전압과 연결된 제네레이터 전압이 합쳐져서 측정값이 급변한 것으로 보는 것이 맞습니다. 즉 정상 동작입니다. 스마트폰으로 설명해 드리면, 배터리가 낮을 때 충전기를 연결한 상태가 되는데, 이때 갑자기 배터리 전압이 올라가게 됩니다. 같은 현상입니다.

차량 소프트웨어 개발을 처음 할 때, 차량 분야는 특별하다는 말을 많이 들었지만, 개인적으로는 큰 차이는 못 느끼겠다. 그놈이 그놈일 뿐이다. 차량에는 제네레이터가 있고 이때 배터리 움직임이 다르다고 설명하신 분도 있긴 했으나, 스마트 폰은 하루 24시간을 전원 종료 없이 사용한다.

배터리가 낮아지면 사용 중에 충전기를 연결하는데, 배터리의 전압과 충전기의 전압이 합쳐져서 갑자기 상승한 것처럼 보인다. 이때의 배터리 움직임은 차에서 제네레이터가 동작할 때와 완전히 동일하다.

참고로 말씀드리면, 저는 과거의 피처폰과 현재의 스마트폰이 기능적으로 큰 차이가 없다고 말합니다. 보통 인터넷 연결의 차이를 많이 말씀하시는데, 인터넷 연결은 통신사업자가 안 되도록 막은 것이며 피처폰 자체의 기능이 될 수 없습니다.

APP 다운로드 및 실행을 말씀하시는 분도 있습니다. 피처폰으로 고스톱 게임 한번 안 해보신 분들이 하는 말입니다. 우리는 피처폰으로 게임을 다운받고, 게임을 즐겼습니다.

멀티태스킹이 안되는 시스템적인 차이가 존재 한다는 건 인정합니다.

차량 이동 거리 오류

차량 이동 거리 측정 관련하여 이슈가 있었는데, 우리 모듈에서 측정한 결과와 계기판에서 사용자가 보는 거리가 약간의 오차가 발생한다는 것이었다. 테스트 결과 이것은 사실로 확인되었다.

이 이슈는 좀 난감한 부분이었는데, 해결 방법을 찾기 어려웠다. 아이디어가 필요하여 네이버를 검색해 보았는데, 기사에 이런 내용이 있었다. "차량의 주행거리는 법적으로 어느 정도 오차를 인정한다."

어찌 보면 당연하다 줄자로 재는 것도 아니고 오차는 발생할 수밖에 없는 것이다. 차량 데이터를 기반으로 우리 모듈은 정확하게 표시하고 있다는 것을 테스트를 통하여 증명하여 우리 이슈가 아님을 먼저 인지시켰다. 차량 데이터를 정확히 표시한 것이면 우리 모듈에 오류는 없는 것이다. 그다음, 계기판과 일치 하려면 계기판에서 어떻게 계산하는지 알려주시면 적용하겠다고 하여 마무리 지었다.

무지한 고객사와 잘못된 해결 방법을 찾았던 개발담당자로 인해 이슈가 된 것인데, 의외로 개발과정에서 이런 이슈들이 많다. 무조건 해결하려는 마음보다, 좀 더 시야를 크게 보고 이슈에 접근해야 좋은 해법을 찾을 수 있는 경우가 많다.

스마트폰 개발에서 재미가 있었던 것을 하나 소개해 드리면, 기지국 근처에서 통화가 잘 안 될 수 있다는 것이다. "등잔불 밑이 어둡다."라는 속담이 스마트폰에도 유효해서 "기지국 근처는 통화가 잘 안 된다."라고 할 수도 있다.

기술적인 이유는 통신프로토콜인데, 기지국에 가까워 지면 스마트폰에서 전파를 약하게 쏘기 때문이다. 스마트폰에서는 기지국의 전파를 너무 잘 받게 되면 약하게 전파를 보내게 되는데, 그러면 기지국에서 스마트폰의 전파를 잘 받지 못해서 통신이 정상적이지 않은 경우가 발생할 수 있다.

이 사실을 모르게 되면 이런 대화도 실제 나온다.

검증자 : 기지국 옆에서 전파 상태가 좋은데, 왜 통화 성공률이 낮습니까?

개발자 : 원래 그런 겁니다.

검증자 : (화내면서) 지금 장난치시나요? 잘 되게 만드세요.

개발자 : 기지국 근처에서 잘 되게 하려면 국제 프로토콜을 위반해야 합니다.

검증자 : 국제 프로토콜이 기지국 근처에서 통신이 잘 안 되게 만들어졌다는 겁니까?

개발자 : 정확합니다.

검증자 : ...

태어나지도 않은 프로토콜과는 연동이 안 돼

국내 향 프로젝트 통신 테스트 중에, 3G와 4G 변환 관련 테스트 결과를 후배에게 설명해 주었다. 4G에서 3G로 통신 채널 변경 시 통신이 끊기지 않는데, 3G에서 4G로 채널 변경 시 통신이 끊어지는 것에 대한 설명이다.

"4G에서 3G로 연결 시는 통신이 끊기지 않는데, 3G에서 4G로 변환 시 통신이 끊기는 것은 당연하지. 4G를 만들 때, 3G 프로토콜이 이미 만들어져 있으니 서로 연결이 가능하게 무엇이든 연결 절차를 만들 수가 있어. 3G를 만들 때는 4G가 없었으니 서로 연결되게 만드는 게 불가능해. 태어나지도 않은 프로토콜인데 어떻게 연동이 되게 절차를 만들 수가 있어, 당연히 못 하지.

물론 4G가 만들어진 후, 3G 프로토콜을 고쳐서 연동되게 만들 수 있어. 문제는 비용이야. 추가로 개발 다시 하고, 검증하고, 전국 기지국을 다시 다운로드하고 테스트 과정을 거쳐야 하는 거지."

어디에서 어디로 채널 변경 시, 통신이 끊기는지를 암기하려고 하시는 분도 보았는데, 암기가 아니라 이해를 해야 한다.

서버 버그 설명

국내 향 프로젝트에서 RF 모듈을 사용하였는데, 경험이 부족한 게 아니라 경험 없는 담당자를 선정, 진행하여서 초기에 우리 팀에서 실수가 잦았던 것으로 보인다. 그러한 영향인지 이슈에 대한 대응을 서버 쪽에서 제대로 안 해주고, "펌웨어 문제입니다."라고 말하는 경우가 많았다.

'범법자는 괴로운 법이다.'

기본적인 통신 관련 설명과 통신 프로그램을 어떻게 만들어야 하는지 그리고, 실제 코드상 어떤 부분이 수정되어야 하는지를 설명해 주었고, 완벽하지는 않았지만, 많이 좋아진 상태가 되었다.

간헐적으로 서버로 전송한 데이터가 사라지는 이슈가 있어서 서버 담당자에게 분석 요청을 하였는데, "서버 문제없습니다. 펌웨어 문제입니다."라고 답변했다.

이슈 관련하여, 모뎀 로그를 통하여 서버로 데이터 전송을 정상적으로 하고 있다는 것까지 확인 후, 서버 담당자에게 재확인 요청을 하였다.

답변은 당연히 "펌웨어 문제입니다."라고 하였다.

나 : 우리가 확인 할 수 있는 건 다 확인했으니 로그 달라고 해.

후배 : 보안이라 줄 수가 없답니다.

나 : 강아지풀 뜯어 먹는 소리 하고 있네. 누가 소스 달라고 했냐? 우리가 보낸 데이터 수신했는지 로그 달라는 거지. 우리가 보낸 데이터 우리가 다 알고 있는 건데, 그거 받았다는 로그가 왜 보안인지 설명부터 해보라고 해.

결국, 로그 확인하여 우리 문제가 아닌 서버 이슈로 확인되었다.

국내 향은 내가 한 프로젝트라
하기에 창피하다 난 도와준 것일 뿐

지금까지는 국내 향 프로젝트 업무를 진행한 이야기이다. 기술적으로 막힌 부분을 풀어 주는 업무를 주로 하며 기존 구현 사항을 파악했다. 물론 재입사하신 책임 분도 업무 진행을 하셨다.

상황이 좋아 지면서 후배들이 자신감이 좀 생겨서 나에게 질문을 했다.

후배 : 이 정도면 우리 프로그램 괜찮은 거 아닙니까?
나 : 이 정도…. 일반적으로 나쁜 수준은 아니지. 근데 내가 개발 한 거라 하기는 창피해. 난 도와주었다고만 할 거야.

후배들은 '당신은 얼마나 잘하는지 지켜보기로 하겠습니다.'라고 속으로 결심했을 수도 있었을 것 같다.

'그러든지….'

호주 향 프로젝트의 시작

국내 향은 재입사하신 책임자분이 진행하시고, 나는 호주 향 프로젝트를 맡게 되었다.

얼마나 잘하는지 보자는 분들도 분명히 있었을 것이다.

짐 싣는 것에 니어커도 있고 트럭도 있다

호주 향 프로젝트 관련하여 첫 업무지시는 일정을 달라는 거였다.

PM : 호주 향 프로젝트 관련하여 펌웨어 개발 일정 주세요.
나 : 전체 일정과 제품에 대한 상세한 기능은 어떻게 됩니까?
PM : …. 일정 주세요.
나 : 무얼 개발하는지도 모르고 전체 일정도 없이, 펌웨어 일정만 만든다는 것은 큰 의미 없어 보이는데요?
PM : 그냥 일정만 주면 돼요.
나 : 짐 싣는 것에는 니어커도 있고 트럭도 있는데, 뭘 만드는지 알아야 일정을 잡을 수 있습니다.

세상은 요지경 같다. 화를 내시며 그냥 가신다. 내가 무얼 잘못해서 한심해하는 표정이신지 난 잘 모르겠다. 역시 난 일 잘하는 사람은 아닌 것 같다.

다른 분들은 일정 달라면 잘하시는데, 이거 없고 저거 없어서 못 한다고 하는 나만 바보인가 보다.

기존 프로그램은 지우고 다시 짜야 한다

　호주 향 프로젝트에 프로그램 설계를 고민하고 있었는데, 국내 향 프로그램을 기본으로 시작하면 거기에 있는 버그와 이슈도 같이 공유된다고 판단했다.
　이미 살펴본 바로는 수정이 쉽지 않은 이슈와 버그가 많아 고민이 되었다. 국내 향 프로그램은 초기부터 수년간 개발하여 내려오는 소스를 기반으로 하고 있었고, 개발자 변경도 있어서 개발 시나리오도 없는 경우가 많았다.

　리펙토링 이론에 따르면 대규모 리펙토링은 소스 전체를 다시 만드는 경우를 말하는데, 작업 일정을 할당받지 않은 경우는 하지 말라고 나온다. 이론은 이론이고 나의 상황에서 선택해야 했다. 추가적인 프로그램 개발 일정 없이 백지에서 시작할 것인가, 아니면 국내 향 프로그램을 기반으로 개발을 시작할 것인가의 고민이었다.

　'국내 향 소스 가져오면 절대 일정 내 못 끝내. 버그를 잡다가 일정 넘길 거야. 이론은 이론이고 목적에 맞는 방향으로 간다.' 이렇게 결심했다. 무엇을 만드는지도 모르고, 가져오는 프로그램이 신뢰도가 떨어지는 비정상적인 상황에서, 정상적인 방법이 좋은 결과를 만들 수는 없다.

비정상적인 상황일 경우는 비정상적인 방법이 맞을 수도 있을 것이다. 유명한 외국 교수가 책을 쓰면서 하지 말라는 일에 도전하기로 했다. 난 전생에 지은 죄가 이리 큰지 나에게는 왜 이런 업무만 맡겨지는지 모르겠다.

그 후, 종종 이렇게 말하고 다녔다.

"기존 프로그램은 지우고 다시 짜야 한다"

기존 프로그램을 전체 삭제 후, 재개발하는 것은 좋은 방법이라 할 수 없습니다. 상당한 리스크가 있는 방안이며, 이 글을 보시는 다른 분들이 시도하는 것을 저는 원하지 않습니다. 저의 경우는 기존 프로그램을 파악하지 못한 상태였고, 구체적인 사양도 모르는 상황에서 어쩔 수 없는 선택이었을 뿐입니다. 상위 관리자에게 허가를 받지 못하면 시도하지 마시길 부탁드립니다.

후배가 나에게 곰팡이를 먹이다

우리 팀 후배 중에 회사 근처에서 자취하는 직원이 있는데, 파인애플을 가져와서 같이 먹자 권유해 주었다.

이런저런 이야기를 하면 팀원분들과 잠시 휴식 시간이 보내는데 갑자기 후배 한 분이 분위기를 반전시키는 말을 하였다.

후배 A : 어~~. 뭔가 이상한데 이거 곰팜이 아니야?
후배 B : 설마, 우리한테 곰팡이를 먹이려고..
후배 A : 하얀 거, 이거 곰팡이 맞어. 봐, 맞잖아!!!

순간 적막이 흐른다.

곰팡이 배달 후배 : 어.. 오늘 아침에 냉장고서 가져온 건데..
잡담들 : 뭔가 배가 이상한 것 같기도 한데 근처 병원 예약해 둘까, 곰팡이 먹었다고 하면 단체 예약되려나? 우리 산재 처리되는 건가? 모사 직원, 팀 폭파 테러했다고 낼 신문에 날지도 몰라.

곰팡이 배달 후배 : (당황해서 만회해보려고) 이 유산균 드세요?
잡담들 : (유산균을 먹고 나서) 곰팡이 먹고 유산균 먹으면, 곰팡이가 더 잘 퍼지는 거 아냐? 완벽히 계획된 테러에 우리 팀은 다 전멸인가?

옆 팀 후배 : 나도 유산균 줘. (받아 들고 뭔가를 살핀다)
곰팡이 배달 후배 : (화내는 연기 하며) 왜 유통기한을 보는데? 그냥 먹으라고!!!

    우리 팀은 곰팡이 나누어 먹고 화내는 사람이 한 명도 없이 웃고 있었다. 옆자리에서 이런 소리가 들렸다.

"저 팀 왜 저래?"
"곰팡이 나누어 먹었대."
"근데 왜 웃고 있어."
"나도 몰라."

    우리 팀 분위기는 곰팡이도 웃으며 나누어 먹는 분위기였다.

거울을 보여 주고 싶다.
쉬었다 하자 니가 정신을 차려야 일을 시작하지

팀장님이 신입사원 업무를 좀 도와 달라고 부탁을 하셨다. 간단히 인사만 한 정도의 후배였고, 어떤 업무를 하는지도 모르고 있었지만 일단 찾아가 보았다. 뭔가 심각한 상황이었다. 확실한 건 알 수가 없었고, 무언가 개발 이슈가 터지고, 회의에서 높은 분들께 꾸중을 들은 상황으로 보였다. 업무가 잘 못 되면, 꾸중을 할 수도 있는 건 있는건데, 영혼 이탈의 상태로 만들어 버리면, 어쩌란 것인가? 신입사원 불러서, 영혼을 이탈시키도록 꾸중하고 내일까지 하라고 지시하는 매니저들의 영혼은 어디에 있는지 모르겠다. 이탈한 영혼끼리 다른 차원에서 심도 있게 대화를 하고 있지 않을까? 뭐 내가 모르는 사정이 있겠지.

일단 정신부터 차리도록 해야 했다. 그래야 일이 진행된다. 영혼이 나간 상태라 일방적으로 혼자서 말하게 되었다.

"급한 상황이라고, 팀장님이 좀 도와주라고 하셨는데 우리 쉬었다 하자. 급한데 왜 쉬었다 하냐고? 거울 있으면 보여 주고 싶다. 네가 지금 어떤 모습인지. 넌 지금 일할 수 있는 상태가 아니야. 정신 차려야 일을 시작하지. 너 아니면 할 사람이 없어서 너한테 하라고 하는 건데 네가 이러면 어쩌냐?

지들이 못해서 시키는 거야. 직접 할 수 있으면 신입 불러다 내일까지 하라고 난리 칠 거 같아? 직접 하지. 다른 사람들은 네가 끝내는 걸 기다리고만 있을 텐데 담당자가 이러면 어떻게 하냐? 화장실 가서 세수 좀 하고 와."

급하게 해야 할 업무는 플레쉬 메모리에 특정 정보를 저장하는 것이었는데, 다른 분들 도움도 받으며 아침까지 작업하여 마무리되었다.

인류 최고의 명언

나 : 며칠 전 밤을 새웠더니 몸이 좀 무겁고 머리가 상쾌하지 않은 느낌이네.
후배 : 뭐 그거 가지고 그러세요.
나 : 너도 나이 먹어 봐.

누구나 공감하며, 입에서 입으로 전해지는 인류 최고의 명언은 '너도 나이 먹어 봐' 일 것이다. 할아버지의 할아버지, 할머니의 할머니를 통해서 전해지는 명언이며 누구나 나이를 먹으면 공감을 하게 된다.

건강한 편이어서 큰 병도 없는 편이었고, 밤을 새우며 작업한 적도 많이 있었는데, 이제는 밤새며 업무를 하면 예전처럼 회복이 빠르지 않음을 느낀다.

'너도 나이 먹어 봐'를 처음 한 분은 인류 조상 중 어느 분이 실까? 그리고 언제였을까?

신입 후배 사원의 변화 된 모습

'거울 보여 주고 싶다'라고 말했던 후배가 이후로 변했다.

영혼이 나간 약한 모습은 상상할 수 없는 정도가 아니라, 팀에서 인정하는 뺀질이 사원의 느낌으로 변했다. 이후로는, 영혼이 나간 모습을 절대로 볼 수 없을 것이다. 어려움에 부딪히고, 그 어려움을 이기고 강해진 것 같다.

'그래, 강해야 살아남는 거야. 넋 놓고 주저않으면 살아남지 못해.'

서버는 모듈과 인터페이스로 이해해라

서버와 통신을 하는 펌웨어를 개발하는 후배가 디버깅을 하고 있었는데, 관련 경험이 많지 않아서 간단하게 설명해 주었다.

"서버를 이해하는 건 쉽지 않아. 나도 서버 전문가가 아니어서 잘 모르고. 그런데 우리가 필요한 만큼만 알면 되는 거지. 다 알려고 하니까 어려운 거야.

자동차를 봐. 일반 사람들은 만들어진 자동차를 운전하는 거지. 그런데 자동차를 어느 만큼이나 알고 운전해? 자동차에 대해서 다 알아? 자동차를 운전할 만큼만 알면 된다는 거지. 자동차를 다 알고 운전하려면 운전 못 해. 다 아는 사람은 없거든. 서버도 마찬가지야 다 알려고 하지 말고, 우리가 필요한 부분을 이해하면 되는 거야.

모듈과 인터페이스 알지? 서버를 하나의 모듈로 생각해, 서버에 보내는 데이터는 인터페이스가 되고 펌웨어(클라이언트)에서 보내는 데이터마다 서버에서 무엇인가 응답해주기로 되어 있을 거야. 예를 들자면, 우리가 A라는 정보를 보내면, B라는 응답이 서버로부터 오게 되어 있을 거야. 그것만 확인하면 되는 거지.

우리가 보낸 A라는 정보를 서버 내부에서 어떻게 처리하는지는 서버 담당자보고 알아서 하라고 하면 돼. 그걸 왜 우리가 신경 써. 우린 A라는 정보를 보냈다. B가 서버로부터 안 온다. 이런 부분을 찾는 것이 디버깅의 시작이야. 우리가 잘못 보낸 건지, 서버에서 잘못한 건지. 간혹 기지국이 뻘 짓을 하는 경우가 있는지. 여러 가지 상황은 많이 있지만 이런 걸 찾는 것이 디버깅의 시작이고 가장 중요한 부분이야.

 모두 다 알려 하면 절대 일은 못 해. 때론 단순화시켜야 해."

서버 통신 프로토콜 설계

펌웨어(클리어언트)와 서버 사이에 통신 데이터 형식을 '전문'이라고 하는데 기존에 사용하고 있는 전문은 완벽하지 않았다. 여러 프로젝트에서 사용하던 것을 부분적으로 수정하여 사용하고 있던 것이어서 중복된 데이터도 있었고 기능에 따른 분류도 미흡한 부분이 있다고 판단했다.

프로젝트마다 전문을 정확히 이해하고 기능에 따라서 설계를 해야 하는데, 개발 일정이 항상 촉박하기에 그냥 사용해 왔던 것으로 보인다. 이 정도야 늘 있는 일이다.

그렇지만, 당연히 이번 기회에 다 정리하기로 했다. 서버 담당자분께 기존 프로젝트에서 사용했던 필요 정보를 정리하는 것을 부탁드렸고, 그것을 바탕으로 각각의 정보가 무엇을 의미하고 어떻게 산출되는지 파악을 했다. 말은 쉬워도 절대 쉬운 작업이 아니다. 내가 세운 기본 룰은 '꼭 필요한 것만을 사용한다.'이었다.

과거에 왜 사용했는지 파악을 하여, 필요가 없다고 생각하는 정보들을 삭제하였다. 과거 이력은 후배 한 분이 설명해 주셨는데, 호주에 거주해서 영어에 능숙한 후배였다. 어학이 완벽하고, 이슈 대응에 유연성이 좋아서 앞으로 많이 성장이 가능한 인재라 생각된다.

펌웨어에서 서버로 데이터를 보내면, 데이터의 용량에 따라 통신요금이 부과되므로 가능한 작은 데이터를 만들기 위한 작업을 했다. 그 작업은 '정보의 단위 설정', '정수화', 그리고 '연산 가능한 정보 삭제'였다.

'정보의 단위 설정'을 쉽게 설명하면, 필요한 유효자릿수만 전송하는 것인데 예를 들자면, 100단위만 보내는 정보는 '1'을 보내도 서버에서 '100'으로 생각하는 방법이다.

'정수화'는 디지털 계산에서 소수점을 사용하면 필요한 정보가 늘어난다. 그래서 특정 필드는 '13'을 보내면, 서버에서는 '1.3'으로 간주하도록 정의하였다.

'연산 가능한 정보는 삭제'는 기본 수식을 사용해서 계산하여 가능한 정보들은 서버에서 계산하여 사용자에게 보여 주도록 하였다. 서로 연관된 정보는 삭제하고, 기본 수식을 정의하여 수식에 따라 서버에서 계산하여 사용자에게 보여 주도록 하였다. 예를 들자면, 속도, 시간, 거리에서 속도를 보내지 않는 방식이다. '속도 = 거리/시간'이라는 수식으로 계산할 수 있다.

특별한 묘수가 아니라 잘 정의된 프로토콜에서는 많이 사용하는 방법들인데 적용이 되어 있지 않아서, 이번 기회에 적용하였다.

불필요한 정보는 삭제하려고 노력하는 과정에서, 과거 이력이나 사용이유를 정확하게 모르는 정보도 있었다. 이런 것들에 대하여서는 '모르면 일단 빼자'라는 것이 나의 대답이었다. 어차피 기능 정의도 내가 하는데, 모르는 정보는 안 쓴다.

나 : 왜 쓰는지 모르는 걸 왜 넣어, 일단 빼두면 필요한지 알게 돼. 새로 만들 때 싹 정리하자. 모르는 건 어차피 안 쓸 거 아니야?

후배 : 저도 모든 과거 이력을 전부 다 아는 건 아니에요.

나 : 걱정하지 마. 전체 메일 돌려서 모든 담당자 승인받을 거니까 죽으면 다 같이 죽는 거야. 그리고 죽을 건 뭐 있어. 수정해서 개발하면 되지. 수정 하루 이틀 해본 것도 아니잖아.

개발자는 사흘을 보지 않으면 다시 봐야 한다

HTTPS 프로토콜은 통신에서 많이 사용한다는 정도는 알고 있었으나, 펌웨어 전문가인 나에게는 처음 업무로 접하게 되는 프로토콜이었다. 네이버, 구글을 통해서 일반적인 사항들을 학습하고, 전자 국회도서관을 방문하여 논문을 보면 부족한 분을 채워나갔다.

이해하고 나니, TCP/IP와 큰 차이는 펌웨어(클라이언트)에서 서버에 접속 후 응답으로만 서버의 정보를 클라이언트로 가져올 수 있다는 것이었다.

TCP/IP는 클라이언트에서 서버로 연결 요청하여 연결되면, 연결 해제 전까지는 양방향으로 서로 자유롭게 정보 전달이 가능하다. 그러나 HTTPS는 이것이 불가능하였다. HTTPS와 HTTP의 차이는 보안 관련하여 차이점이 있었고 나머지는 모두 동일하였다.

이 조건에 맞추어서 시나리오별로 서버와의 전문을 정의하였다.

선비는 사흘을 보지 않으면 다시 봐야 한다는 말이 있듯이, 개발자도 사흘 전에 몰랐던 것이지 지금은 변해 있을 수 있다. 안타깝게도 아는 것과 모르는 것이 정해져 있는 개발자들이 많다. 필요하면 학습하며 영역을 넓혀가야 한다. 이것이 진정한 개발자다.

신입으로 입사를 하여 처음 2년 정도에 많은 성장을 한다. 2년 정도 지

나서 기본업무 수행이 가능해지면 성장이 멈추는 사람들이 많다. 입사 후 처음을 어떻게 보내느냐가 중요한 것이 아니라, 그 이후에 어떻게 하느냐가 더 중요하다. 처음엔 누구나 열심히 배운다. 처음부터 배우며 성장하지 못하는 사람은 경쟁 상대가 아니다. 초반에만 성장한 사람과 십 년 이상을 계속 성장한 사람을 비교할 수 있겠는가?

세월을 두고 쌓아온 것은 절대 이길 수 없다

천재라고 불렸던 골프선수 타이거 우즈도 "나보다 더 연습하면, 나보다 더 잘할 것이다."라고 말했다. 그리고 많은 천재라 불렸던 사람들은 다른 사람보다 더 노력했다. 프로 바둑기사 이창호에게 어떤 기자가 "바둑 말고 다른 것도 해보세요?"라고 이야기를 했는데, "바둑 말고 더 재미난 것이 있으면 알려주세요."라고 답변했다.

천재들은 노력하는 것이 아니라 그 자체를 즐겼을 것이다. 계속된 노력을 유지한 비결은 즐기는 것이리라. 그래서 옛말에 "노력하는 자는 즐기는 자를 이기지 못한다."라고 하지 않았을까?

노력은 지치게 되지만 즐기는 것은 계속된다.

차량 배터리 방전 문제

전력 소모를 줄이기 위하여, sleep을 사용하는데, 윈도우에서 전원관리와 동일한 기능이라 생각하면 된다.

sleep 기능이 문제없이 동작하도록 매니저를 구현하였다.

별거 아닌 기능 같으나 의외로 이슈가 많고, 정상적인 동작이 되지 않으면, 차량의 배터리가 방전되는 위험에 빠지는 중요하고 까다로운 기능에 속한다.

eMMC 메모리를 왜 쓰지

하드웨어 수정 관련하여, 하드웨어 담당자와 회의를 하면, 사용하고 있는 칩의 핀이 부족해서 안 된다는 이야기를 종종 들었는데 이유를 알 수가 없었다. 확실히 알지도 못하는 상황에서 따질 수도 없고, 이상하다고 생각만 하다가 원인을 알게 되었다.

eMMC 메모리를 회로도에서 발견했다. eMMC 메모리는 저장 공간이 아주 거대한 메모리라고 생각하면 되는데, 당시 가격이 2만 원 정도였다. 이전 모델에서는 필요하였을지도 모르나, 지금 내가 아는 모든 기능에서 이런 거대한 메모리를 사용할 이유를 찾을 수가 없었다. 펌웨어의 전체 기능 정의는 내가 했다. 백 원짜리 부품 하나를 추가하려고 해도 벌벌 떠는 하드웨어에서, 사용하지도 않는 2만 원짜리를….

전체 담당자 회의에서 eMMC 메모리 사용하시는 분이 있는지 확인한 후, eMMC 메모리는 필요 없으니 삭제 검토를 요청하였다. 그리고 혹시 필요할 수도 있으니 시리얼 메모리라는 2천 원 상당의 메모리를 사용하는 것으로 협의하였다.

이것을 금액으로 환산해보자. 영업에서는 초기물량만 30만대라 하였고, 실제 판매 대수는 알 수 없어서 30만대로 계산해본다.

(2만 원 - 2천 원) X (30 만대) = 54억

이 제안 하나로 회사에 기여한 금액이 어마어마하다. 개발 중이 아니었냐고 하실지 모르지만, 하드웨어 팀에서 당시에 하드웨어 개발은 다 끝났다고 이야기한 상황이었다. 내가 아니어도 다른 분이 양산 전에 수정했을 수도 있으나, 먼저 차지하는 사람이 주인공이 되는 건 당연하다.

내 연봉 천만 원 올라간 것은 이 건으로 모두 의미 없다고 본다. 당시 대표이사님 최대의 흑자 비율의 결재가 아닐까 하고 조심스럽게 예측해 본다. 그리고 경영 감사님의 최고 성공 기안도 될 것이다. 과연 천만 원 넣어서 수십억 남겨 보신 적이 있으실까? 60만대 이상이면 백억 단위로 넘어간다. 몇 배가 아니라. 동그라미 몇 개를 붙여서 남기셨는가? 이래서 옛말에 사람 장사가 가장 많이 남는다고 했던가.

펌웨어 개발의 무서운 이유는 대규모의 물량 때문인데, 이것을 간과하는 분들이 많다.

실제로 개발자들은 기존에 있는 프로그램이나 하드웨어를 삭제하는 것을 두려워한다. 삭제한 것으로 인하여 문제가 발생하면 곤란한 상황이 빠지기 때문인데, 그래서 나는 "추가하는 사람이 아니라 삭제하는 사람이 고수다."라고 생각한다. '진정한 고수가 아니면 삭제하려고 시도조차 못 한다.'가 맞을 것이다.

기술 PM이라 불리다

app, 서버, 펌웨어, 하드웨어, 기능 등 호주 향 프로젝트의 많은 기술적인 부분에 관여하여 영향을 주었다. 일방적인 의사결정이 아닌 다른 담당자의 의견을 듣고 기술적으로 합리적으로 결정되었고, 다른 담당자들도 결정에 불만은 없었던 것으로 보인다.

그 당시에 나는 펌웨어 개발자였지 PM이 아니었고, 프로젝트가 성공할 수 있도록 기술 관련 전체적인 조율을 하고 있었다.

그래서 후배들은 나를 '기술 PM'이라고 불렀다.

이런 대화도 실제 있었다.

후배 : 기술 PM이시잖아요?
나 : 웃기고 있네. 나 부려 먹으려고 너희들이 나를 그렇게 부르는 거지. 우리 회사 프로젝트 문서 어디에 기술 PM이 있냐? 있으면 보여 줘봐. 난 펌웨어 개발담당자일 뿐이야.

국내 향 프로젝트의 이슈가 급하게 진행되고 있어서인지 호주 향은 윗분들에겐 버려진 프로젝트였다. 나중에 프로젝트 중반쯤 가서 PM이 누구였냐는 말이 나오고, 누가 PM 할 것이냐는 이야기가 나올 정도로 철저히 소외되었다. 그런데 다행히 나름 잘 굴러가고 있었다.

확인도 안 하시고 내용도 모르고
대표이사님께 보고하신 건가요

팀장님이 하드웨어 팀이 우리 팀(펌웨어팀)에서 뭔가를 안 해주었다고 보고했는데 무어를 안 해주었냐고 매우 언짢은 표정으로 확인하러 오셨다. 딱히 요청받은 게 생각이 나지 않아서, 팀장님과 함께 하드웨어 팀장을 찾아갔다.

나 : 제가 뭘 안 해드렸다고 보고하셨다는데 무얼 안 해드린 거죠?
하드웨어 팀장 : 그게 담당자가 와야 알 수 있어서
나 : 담당자 이야기가 아니라 이미 보고하신 내용을 말씀드리고 있는 겁니다. 보고하신 것이 무엇이죠?
하드웨어 팀장 : 담당자 이야기를 들어봐야 해서..
나 : (이해 안 된다는 표정으로) 아니 확인도 안 하시고 내용도 모르고, 대표이사님께 보고하신 건가요?
펌웨어 팀장 : (말리면서) 그건 일단 좀...

팀장들 연령대가 나와 거의 비슷해서 가능한 대화 이긴 한데, 이렇게 하드웨어 팀장이 나에게 깨졌다는 소문이 난다. 내가 잘한 건 없지만, 내용도 모르는 걸 대표이사께 보고하여 분란을 일으킨 것도 잘했다고 보기는 어려울 것이다.

직장에서는 담당자 사이 또는 팀 사이에서, 업무 때문에 서로 마찰이 생기는 일이 자주 발생한다. 업무를 근거로 이야기해야 하고, 서로 감정이 문제가 되어서는 안 된다. 상대 담당자가 어떠한 이유로 지원할 수 없으면 이유를 확인하고, 최종적으로 상급자에게 보고할 수밖에 없음을 미리 공지하는 것이 좋다.

간혹 상급자 보고를 꺼리는 분들도 있는데, 이것은 잘못이라 생각한다. 게으르고 무능해서 못하는 것이 아니라면, 상급자분도 상황을 알고 있어야 한다. 이론상일 뿐이고, 상급자분의 성향도 중요한 부분이다. 보고해도 아무런 도움은 없고, 막무가내뿐이라면, 방법은 없다.
'이 또한 지나가리라.'를 외쳐라.

반성문 쓸 때 근거 자료 첨부

패킷 전송 시 오류 수정을 위하여 'CRC'라는 규격을 사용하는데, 서버에서 잘못된 값을 보내고 있었다.

팀원 : 왜 안 되나 했더니 CRC가 잘못되었네?
나 : 엥, 그런 건 기본인데. 서버에서 수정이 될 때까지 CRC 확인하는 동작을 빼고 일단 진행하시죠.

관련 서버 담당자가 당시 신입이었다
CRC 관련된 것은 펌웨어 업무라고 생각하고 있었고, 이해를 잘못하신 것인지 수정이 되지 못하고 있었다. 업무 메일이 핑퐁이 되는 것을 확인하여, 'CRC' 관련 설명을 하는 메일을 보내 주기도 했다.

한 달 정도 수정되지 못하고 있어서, 우리 쪽 담당자도 힘들어하고 있었다. 신입을 어떻게 하겠는가? 그 위에 있는 선배가 잘못하는 거지.

어느 날, 갑자기 한 분이 나를 찾아와서 이상한 요청을 했다.

찾아온 분 : 서버 팀에서 펌웨어 팀 지원을 많이 해주었으니, 관련하여 근거 자료를 만들어 주세요.

나 : 예, 필요한 거 있으시면 만들어 드리겠습니다.

펨웨어 팀원 : 그런 거 어디다 쓴데요?

나 : 반성문 쓸 때 근거 자료 첨부하려나 보지. 일이나 잘하고 근거 자료 만들어 달라고 해야지. 일 못 한 근거 자료 어디다 써. 반성문 근거 자료밖에 못 쓸 거 같은데... 이래서 내가 일 못 하는 사람들과 일하는 거 안 좋아해, 일도 못 하면서 일을 자꾸 만들어. 일 잘하는 사람들은 쓸데없는 일을 만들지 않아.

며칠 후 진행 중인 이슈를 빨리 수정해 주겠다고 전달받았다.

호구 조사를 안 하는 타입이라 어떤 분인지 정확히 모르겠다. 서버 팀 팀장으로 추측되는데, 맞았다면 또 다른 팀장 한 분이 이렇게 나에게 깨졌다. 당장 급한 건 아니었다 하더라도, 무리하게 수정해달라고 요청하지도 않았다. 좋은 뜻으로 관련 설명을 메일로 보내 주기도 하고, 참으며 기다리고 있었는데 결과는 이랬다.

농담처럼 한 말이지만, 일을 잘하는 사람들은 쓸데없는 일을 만들지 않는다. 필요한 일에 시간을 투자하고, 집중하여 성과를 낸다. 어떻게 마무리할지 계획도 없이 일을 벌이지 않는다. 이것저것 일만 벌이고, 마무리하지 못한다면, 마무리되는 것 없이 끌려만 다닐 뿐이다.

관리자도 마찬가지다. 능력 있는 관리자는 무모하게 일을 벌이지 않는다. 자신의 조직의 한계를 알고, 거기에 맞추어서 계획을 세운다. 무모하게 일을 벌이는 관리자의 조직은 인원변경으로 인하여 약해진다. 약해진 조직으로 무리를 하다가, 결국 자신의 조직을 파멸로 이끈다.

난 일 잘하는 사람을 좋아해

후배들과 이런 대화를 했다.

나 : 나는 나한테 잘해주는 사람이 아니라, 일 잘하는 사람을 좋아해. 일을 잘해주어야 내가 편하거든. 지나가는 강아지 쳐다보듯 해도 상관없어.
후배 : 막 해도 되는 건가요?
나 : 지나가는 강아지를 발로 차려고 하다 물릴 수도 있다. 기본은 서로 지켜야지. 싸우자고 하면 안 되는 거지.

직장에서 보면 왕 게임을 하는 사람이 있다. 왕 게임에서 상위자가 되기 위하여 많이 노력하고 업무는 후 순위다. '설마'라고 말할지 모르지만, 실제로 직장을 왕 게임으로 생각하는 사람들이 아주 많다. 왕 게임에서 이기는 것이, 업무보다 우선순위가 높게 행동하는 것을 자주 본다.

팀 해체하고 우리 팀 파트로 오면 하드웨어도 설계해 줄게

하드웨어 팀에서 하드웨어 설계를 해달라고 우리 팀장님을 통해서 요청 해왔다. '어이가 없었다.' 하드웨어 담당자는 없는 상태여서 독설을 좀 하였다.

팀장 : 하드웨어 팀에서 하드웨어 설계를 해 달라고 하는데..
나 : 저는 평등한 위치의 독립된 개발팀으로 각각 업무를 한다고 생각하고 있었습니다. 자기 업무를 일방적으로 안 하려고 한다면 평등하고 독립된 팀이라고 생각하지 않습니다. 팀 해체하고, 우리 팀 파트로 오면 해 준다고 하십시오.
팀원 : 그러다 진짜로 우리 팀 파트로 오면 어떻게 해요?
나 : 걱정마, 그럴 일 없어. 기업에서 팀이라는 조직은 대표이사 권한으로 만드는 거야. 즉, 팀을 해체하려면 대표이사님 허가를 받아야 해. 하드웨어 설계 맡기려고 하드웨어 팀을 해체하려 한다고 하면, '일단 혼나고 시작하자'라고 대표이사님이 처리해 주실 거야. 대표이사님 화이팅~~

자기 일을 소중히 여기지 않는 것인지, 왜 이런 말들이 오가야 하는지 난 이해되지 않는다. 어이없는 하루였다.

메모리 수명 이슈에 대한 대답

메모리 사용 횟수가 정해져 있는 메모리가 있는데, 이런 메모리들은 제품 수명에 맞게 수명을 확인해야 한다. 이런 문제로 매니저 한 분이 나에게 질문을 했다.

매니저 : 포타에서 메모리 수명은 문제가 없나요? 얼마나 사용 가능한지 레포트 되어야 하지 않나요?

나 : 포타에서 사용하는 메모리의 수명이 제한은 있지만, 포타는 펌웨어 전체 다운로드를 말하는 것이고 한 달에 1회도 많은 겁니다. 어찌 보면 한 달에 1회 포타를 한다는 것 자체가 잘못된 겁니다. 매달 1회 사용으로 계산해도, 10년 동안 120회 사용합니다. 포타 관련 메모리 수명은 이슈가 된다고 생각하지 않습니다.

포타는 스마트폰의 펌웨어 업그레이드라고 쉽게 생각하면 된다. 포타는 일 년에 한 번 할까 말까 해야 정상인데 왜 메모리 수명과 연관이 되는지 모르겠다. 뭔가 포인트가 조금 벗어난 질문 같다.

CAN 모듈 담당자 배치

여기에서 말하는 'CAN'은 '깡통'이 아니라, Controller Area Network의 약자로, 차량 분야에서 많이 사용하는 통신 프로토콜이다.

초기에는 차량의 무게를 줄이기 위해서 만들어졌으나, 현재는 차량 내부 통신망의 의미로 이해를 하면 된다.

기존 프로그램 전체 삭제를 결정한 상태이기 때문에 개발에 필요한 일정이 많이 부족했다. CAN 통신 전문 회사였기 때문에 CAN 관련 노하우가 많았고, CAN 통신 부분까지 모두 재개발하기에는 일정에 무리가 있다고 판단하였다. CAN 통신 부분은 후배를 담당자로 해서 진행하였다. CAN 인터페이스 설계는 직접 하여 전체 구조에 무리가 없도록 하였다.

매니저 : 이 사람을 CAN 담당으로 하면 어떻게 합니까? 아직 경험이 많은 사람도 아닌데..

나 : 우리 팀 조직의 문제입니다. 직급으로 제 다음 넘버 2입니다. 모든 업무를 저 혼자 할 수는 없습니다. 이제 과장이 되니 좀 덩치가 크긴 하지만, 모듈 하나 정도는 맡는 것이 무리라 하긴 어렵다고 봅니다.

업무 할 인력도 제대로 안 주고 딴지나 거는 것 같은 회의였다.

신입사원 업무 할당

우리 팀에 신입사원이 들어왔는데, 처음 업무로 테스트 모드를 확인해 보라고 지시했다.

후배 : 신입사원에게 주신 업무 어떻게 해야 하는 겁니까?
나 : 그거 별로 할 거 없어. 우리가 사용하는 기본 기능을 테스트 모드를 통해서 살펴보라고 준 거야.
후배 : 업무로 주신 건데, 할 게 없나요?
나 : 학교에서 배웠지만, 실전은 다르잖이. 우리가 사용하는 기능들을 어떻게 동작시키는지 먼저 살펴보라고 한 거야. 각각의 기능을 알아야, 나중에 전체 동작을 이해 할 수 있지. 그리고 형식적인 보고지만, '담당업무 없어요'라고 할 순 없잖아. 업무 할당은 해두어야지.
테스트 모드에서 문제 발생하면 필요한 수정을 하는 정도 업무는 생길 수 있어. 신입사원이 못하면 테스트 모드 만드신 프리랜서분께 부탁하면 돼. 즉, 부담 가질 거 없는 업무야.
(신입사원을 바라보며) 지금 시간 줄 때 잘 살펴봐. 모르면 물어도 보고. 나는 너에게 시간을 줄 수 있는 거고, 그 시간 동안 얼마나 배우느냐는 너한테 달린 거야. 테스트 모드 별거 아니라고 많이 생각하지만, 거기에 모든 기능이 다 들어 있어.

신입사원이 나에게 직접 말하기 어려워서, 후배 통해서 업무를 확인한 것으로 보인다. 신입사원이라 그런지 자신의 업무에 적극적인 모습이 좋았다.

개발한 거나 더 파악해

시간이 좀 지나 신입사원분도 본격적으로 업무를 시작했고, 도와줄 일이 있는지 나에게 물어봤다.

신입사원 : 시간이 좀 있는데, 개발 도와 드릴 것이 있나요?

나 : 시간 얼마나 있어요?

신입사원 : 하루 정도는 있습니다.

나 : 뜻은 알겠는데, 하루에 개발 할 수 있는 건 별로 없어. 개발이란 게 버그 없이 잘 동작한다는 것을 확인하는 과정까지 포함되는 거라. 하루론 의미가 없어. 방금 개발 끝낸 거나 더 파악해봐. 동작은 문제없이 되고 있겠지. 그러나 네가 완전히 이해하고 있는 건 아니야. 개발 중엔 개발 완료가 우선이라 정확하게 파악을 못 하는 경우가 많아.

예를 들자면, USB 알지. 별거 아니라고 생각하지만 좀 깊게 들어가면 어마어마한 프로토콜이야. 장담컨대 USB 한다는 사람들 90% 이상은 제대로 모르고 하고 있다. 물론 나도 잘 몰라.

개발은 학교에서 하는 실험과 같은 거야

"다 공과 대학 나왔잖아. 실험 과목 수강했지. 개발은 학교에서 하는 실험과 동일해. 실험하기 전에 이론 확인하고 실험 목적, 실험 절차 그리고, 예상 결과까지 고민하지. 그 다음에 실험실 가서, 실험하잖아. 실험 결과에 따라서 예상한 것과 동일한지, 다르면 왜 다른지 분석을 하지. 개발과정하고 완전히 똑같잖아. 맞지?"

과정을 지키지 않으면, 좋은 결과를 이끌어내지 못한다.
실험 잘하는 사람은 잘 준비하여 좋은 결과를 만들고, 실험 못 하는 사람은 준비를 잘해오지 않아서 실험 시간에 어쩔 줄을 모른다. 이것까지 개발과정과 동일하다.

신입사원이 야근 안 해서
회사가 흔들리면 회사가 잘못된 거야

저녁을 먹으면서 어플 후배와 이런 이야기를 나누었다.

나 : 오늘 또 야근이야?

후배 : 선배님도 야근하시면서...

나 : 쉬면서 해. 신입사원이 야근 안 해서 회사가 흔들리면 회사가 잘못된 거야.

프로젝트 할당 인력을 빼앗기다

실장님께서 국내 향은 책임 한 분과 신입사원이 한 명이 대응하고, 다른 인원은 호주 향 업무를 하고 있다고 하셨다. 실제는 호주 향 프로젝트 전담 인원은 나 혼자였다. 프리랜서분은 두 프로젝트를 모두 도와서 많은 역할을 해주셨다.

물론 팀 회의에서 호주 향으로 많은 인원을 할당하기는 했으나, 실제는 나를 제외한 다른 팀원분들은 국내 향 업무를 진행했다. 국내 향이 급하게 진행되어서 이의 제기를 하지 않은 상태였는데, 실망감이 느껴졌다. 본인은 신입 한 명과 중요한 국내 향을 하고 있다는 정치질인가? 실제 혼자 하고 있는 건 나인데….

국내 향 런칭 이후 본격적으로 호주 향 개발에 들어가게 되는데, 그때까지 혼자서 프로젝트 하나 막고 있었고, 프리랜서분의 도움이 없었다면 불가능했을 것이다.

앞서 퇴사한 분들이 말한 이슈 발견

이전에 퇴사한 분들이 말한 '패킷 변화 시 국제규격에 맞지 않는 것'을 찾게 된다.

이슈를 발견하신 분은 업무를 도와주시는 프리랜서분이었다. 경험이 많은 상당한 실력자였고, 나에게 든든한 조력자였다. 보안 관련하여 비트 연산을 하는 부분에 오류가 있었는데, 이 오류가 지금까지 문제가 없었던 이유는, 데이터를 보내는 쪽과 받는 쪽 모두 오류를 통하여 맞추었기 때문이다.

행군할 때 발맞추기를 혼자 잘못하면 문제가 되지만, 전체가 똑같이 잘못하면 모른다. 프로젝트 명세에는 국제규격 XX를 사용했다고 되어 있는데, 국제규격이 아니라 '사내 자체 규격' 사용 중이라고 해야 맞는 것이다.

이전에 진행한 여러 프로젝트는 나도 모르겠다. 내가 한 것도 아니고...

잘못된 개발의 무서운 점은 '버그도 복사되는 것이다.'

기술적 이슈에도 권위를 앞세우면 개발자가 아니다. 그런 사람을 실력 있는 개발자들이 따르지 않는다. 자신이 완벽하다는 생각을 버려라. 그것이 권위를 버리고 소통하는 첫걸음이다.

완벽한 사람을 따르는 것이 아니라, 실수를 인정하는 사람을 따른다.

진짜 그것만 하면 됩니까

차량 시동을 원격으로 거는 기능 데모를 준비하라는 업무지시를 받았다. 사용자가 스마트폰으로 차량 시동 명령을 내리면, 사용자의 차량에 시동이 걸리는 기능이다. 지금까지 없었던 기능이라 난이도가 좀 높았다. 당장 처리해야 할 업무들도 많아서 데모 준비에 많은 개발 리소스를 할당할 수 없었고, 개발 완료된 기능도 아니어서 어떻게 할지 방향 결정에 고민하였다.

'최소 리소스를 투입하여, 데모 준비를 한다'로 결정하고, 팀원들에게 업무지시를 했다.

나 : CAN 통신 담당자분은 특정 이벤트 발생 시 시동 거는 데이터를 보내도록 준비해 주세요. 어플 개발은 안 되었으니, SMS 수신으로 동작하도록 할 겁니다. 통신 모듈 담당자는 특정 정보가 있는 SMS 수신 시, 시동 이벤트를 발생하도록 준비해 주세요. 어플과 연동시키면서 개발하는 것보다 SMS를 사용하면 안정된 기능이라 개발이 쉬워집니다.

즉 안되면 우리 오류입니다. 어플 오류는 없어서 우리만 잘하면 됩니다. 바쁜 어플 팀에 아쉬운 소리 할 필요도 없어서 좋고.

팀원 : 별로 할 거 없는데요. 진짜로 그것만 하면 됩니까?

나 : 데모는 기능이 된다는 걸 보여 주기만 하는 거지. 다 개발하는 게 아니야. 데모 잘했다고 상주치 않아, 최소 투입으로 기능 동작 보여주고 끝

낼 거야. 완벽하게 다 개발하고 싶으면 해도 돼. 단 일정은 지켜. 신규 주요 기능인데, 데모 보는 분들이 사원급일 거 같아. 당연히 높은 분들이겠지.

나만 차별하는 개발

차량 시동 데모 준비가 완료되어 직접 테스트해 봤는데, 동작이 정상적이지 않았다. 지정된 SMS를 보냈으나 이벤트가 발생하지 않았다.

나 : 동작 안 되는데.
팀원 : 동작 확인 다 했습니다. 저 말고 다른 분도 정상적으로 동작시켜서 확인했습니다.
나 : 난 안돼. 내가 잘못하고 있는 거야, 아니면 나만 차별하는 거야.
　(조금 더 해본다) 나만 차별하게 개발한 거 같은데.. 개발 중인 프로그램 좀 줘요. 원인 좀 찾아보게.

동작이 안 되는 원인은 입력한 정보 이외에 추가로 제어 관련 정보가 전송되는 것이었고, 다른 분들이 된 이유는 나와 통신사업자가 달랐다. 한 마디로 통신사업자에 따라서 될 수도 안될 수도 있는 상태였다.
　쉽게 표현하면 내 핸드폰 사업자를 차별한 것이다. 관련 프로그램 수정하여 담당자에게 넘겼다.

나 : 혼날 뻔했잖아. 데모하면 꼭 자기가 직접 해본다는 사람 있는데, 그분 핸드폰 통신사업자가 다르면 안 되겠지. 안 되는 이유도 우린 모르지. 손님 모셔두고 데모하다 디버깅할 수도 없으니 그럼 손님 가고 나서 혼

나는 거야. 직장에서는 안 혼나면 잘하는 거야. 혼나지 않으면 내가 잘하고 있다고 생각하면 돼.

차 도둑놈이라도 사형 선고는 안 돼

원격시동 기능 관련하여, 시동 ON/OFF 조건을 고민하며 해본 생각이다. 원격으로 시동을 걸 때, 차를 도난당하면 어떻게 해야 할까?

운행 중에 갑자기 시동을 꺼버리면, 생명이 위험 할 수 있다. 아무리 차 도둑이라도 법원에 세워야지 사형 선고를 우리가 해버리면 안 된다. 이 문제를 고민하기도 했으나, 의외로 쉽게 풀렸다. 시동은 원격으로 걸리나 차를 주행하기 위해서는 다른 조건들이 필요했다. 차 자체적인 기능으로 '원격시동만으로는 주행할 수 없다'라는 것을 확인했다. 역시 차를 만드시는 분들이 우리보다 한 수 위다.

결론은 의미 없는 고민이었으나, 이런 고민을 하는 것이 좋은 제품을 만드는 기반이 될 것이다.

낙하산을 깨다

호주 향 프로젝트에서 사용하는 다운로드 케이블이 기존과 달랐다. 이런 부분이 공용화되어 있다면 편리한 점이 많고 업무 효율이 오르는데, 아직 공용화가 적용되지 않았다.

개발 인원과 여유분 2개를 포함해서 하드웨어 팀에 케이블 제작 요청을 했다. 하드웨어 사원분이 만들어 주는 것으로 하드웨어 팀과 협의가 끝났다.

나 : 케이블은 하드웨어 팀에서 만들어 줄 거예요.
팀원 : 안 만들어 줄 걸요.
나 : 지들 일이고, 만들어 주는 것으로 팀 간에 다 협의가 이뤄졌는데 안 만들어 주는 게 어딨어?
팀원 : 그래도 안 만들어 줘요.
나 : 내가 받아 내는지, 못 받아 내는지 지켜봐.
팀원 : 어차피 안 해줄 거지만….

무엇인가 이상했다. 팀 간의 업무 협의인데 왜 무조건 안 해준다고 생각을 하지. 얼마 지나서 알게 되었는데, 팀장님이 나에게 '우리 회사에 낙하산이 있다'라고 이야기해 주었다. 내가 좀 무식하긴 하지만, 그 정도 눈치는 있었다. 케이블 만들어 준다는 하드웨어 팀 사원인 듯했다.

어찌 되었든 팀 간의 업무인데, 너희 낙하산은 너희가 책임져야지, 왜 낙하산보고 하라고 시키는지 모르겠다. 낙하산도 못 챙기는 팀인 듯하다. 우리 낙하산이면 내가 책임져 주는데, 너희 팀은 낙하산도 막 굴리냐?

이 자리를 통해 분명히 말씀을 드리면, 전 하드웨어 팀에 요청했고, 낙하산한테 시킨 건 제가 아닙니다. 저는 전달만 했을 뿐입니다. 낙하산은 제 팀으로 보내 주십시오. 제가 확실하게 책임져드립니다.

케이블 제작 요청을 계속하며, 한 달 정도 지났을 때였다.

하드웨어 팀 사원 : 이거 빨리해서 주셔야 합니다. (다급하게) 빨리해 주세요.
나 : (화난 목소리로, 소리치며) 니가 케이블을 만들어 줘야 하지. 케이블 없어서 못 해. 니가 필요한 것만 해 달라고 하면 되냐?, 내가 한 달 동안 부탁하던 건 해줬어? 그거 없어서 지금 못 해. 그래서 계속 부탁한 거야.

얼마 후 팀장님이 오셔서 물어보셨고 이렇게 답변을 드렸다.

"하드웨어 팀에서 케이블 안 만들어 주어서, 할 수 없는 거라 못한다고 했습니다. 업무적인 문제입니다."

결국, 테스트 케이블을 받아 냈다.

"후배님 제가 '하드웨어 팀'에서 받아 내는 거 확실히 보셨죠!!"

이 사건으로 낙하산도 깨는 사람이라고 소문이 있었으나, 전 억울합니다. 낙하산도 관리 못 하는 팀을 만났을 뿐입니다.

테스트 케이블도 없는 상태로, 지금까지 개발 하나도 안 하고, 놀고 있던 것이 아니냐고 생각하시는 분도 있을 것이다. 일반적으로 맞는 이야기일 수 있으나, 저에게는 적용되지 않죠. 어떤 대기업 파견을 가서, 컴파일러 없이 백지에다 모듈 하나를 개발한 경험도 있습니다. 그 이야기는 다음 기회에 해드리겠습니다.

컴파일러 없이도 개발하는데, 컴파일러씩이나 있고, 케이블만 없었을 뿐입니다.

개발 관련 업무를 잘 모르시는 분들을 위하여 간단히 설명해 드립니다. 테스트 케이블이라는 것은 소프트웨어를 하드웨어에 다운로드하기 위해 필요한 겁니다.

즉, 이때까지 다운로드를 한 번도 하지 않았다고 보시면 됩니다. 일반적으로 일하지 않았다고 하는 것이 맞을 수도 있습니다만, 저는 처음 하는 업무였기 때문에 어떻게 해야 할지 고민하고 이해하는 시간이었습니다. 그리고 프로그램 재작업을 하고 있기 때문에, 완성된 프로그램이 존재하지도 않는 상황이었습니다.

앞에서 언급한 대로, 이해하고 한꺼번에 작업하여 재작업하는 과정을 없애는 것이 가장 빨리하는 방법입니다.

너를 보호하려는 것도 있어

CAN 통신 관련 담당하는 후배가 있었는데, 관련 개발 방향이 실장님과 의견이 달랐다. 내 의견도 후배한테 손을 들어 주는 상황이나, 연구소장님 결정은 그렇지 않았다.

이것에 대해서, 연구소장님, 팀장님, 나, 후배 4명이 회의를 하여 연구소장님 의견대로 방향을 결정하였다. 문제는 후배는 자기 방식대로 개발을 고집하고 있었다.

나 : 네 생각은 나도 알아, 근데 연구소장님 의견대로 가는 것으로 같이 협의 했잖아. 그 결정을 무시하면 어쩌라고.

후배 : 그래도 그 방안은 아닌 것 같습니다.

나 : 지금은 어느 의견이 맞는지 모르는 거잖아. 우리가 맞다고 생각하는 게 진짜 맞는지 아닌지 모르잖아. 둘 다 될 수도 있고, 하나는 안될 수도 있어. 둘 다 안될 수도 있고. 담당자는 안 될 거 같은 거 보고하면 최소 '면피'는 하는 거야. 결정대로만 따르면 돼.

네 맘대로 하려면 개인사업 해야지 왜 직원하고 있냐? 직원은 지시대로 하는 게 직원이야. 업무지시대로 안 하고 잘되면 본전, 안되면 너 혼자 '독박'이야. 너를 보호 하려는 것도 있어.

호주 향 상세 일정 협의

    연구소장님께서 호주 향 상세 일정 관련하여 제출을 요청하셨다. 개발 업무와 일정 관련 매니징 업무까지 혼자서 진행하여, 일정표 작성에 미흡한 부분이 있었다. 수정하여 보고 드리고, 재수정을 요청받기를 반복하였다. 일정표 수정 및 보완하는 업무를 하며, 10일 정도를 보냈다. 이전 프로젝트에서 작업한 수준은 되었고 딱히 문제가 보이지도 않는데, 일정 제출하라고 또 메일이 왔다. 뭘 더 수정해야 할지도 몰라서. 그냥 마지막 보낸 일정표를 수정 없이 그냥 보내버렸다. 어차피 일정은 변경된 것이 없지 않은가? 일정 단축한 계획표를 보내 줄 것을 원하셨는지도 모르겠다. 그러나 이미 일정은 10일 더 늘려야 했다. 메인 실무자의 업무 시간을 10일 정도 뺏겨서 진행된 업무가 하나도 없었다. 일정표는 좀 더 근사하게 되긴 했다. 일정표에 일정만 줄이면 무슨 의미가 있는지 모르겠다. 일정표에 작성에 시간을 사용하면 실제 개발은 더 늦어지는데.

    실무를 하지 않는 전문 매니저들은 일정표만 줄이면 되는가? 개발자들은 실제 개발 일정에 관심이 더 있다. 본질은 실제 개발 완료 일정인 것이 당연한 것 아닌가?

    매니저들은 개발자를 '늦게 업무를 끝내고 싶어 하는 사람'으로 착각하는 것 같다. 나도 오늘까지 다 끝내 버리고 싶다. 그것을 못 해서 일정이 필요한 것이다.

분 단위로 3달 치 계획서를 작성하라

어플 팀장님이 호출이 와서 팀장님 자리로 갔다. 일정을 더 줄여 보라는 요지였다. 국내 향 개발로 인하여 인원 투입이 정상적으로 되지 않았으며, 실제로 현재 일정도 맞추기 어려운 상황이라는 설명을 해 드렸다.

어플 팀장님이 국내 향 프로젝트 PM이었으니, 아마 할 말이 없었을 것이다. 참고로 국내 향 프로젝트는 고객사에서 대표이사실까지 쳐들어갔다는 소문이 있었다. 이것이 사실이면, 국내 향 프로젝트는 회사의 큰 망신인 것이다.

복잡도가 더 높은 국내 향 프로젝트이긴 하지만, 프로그램 모두 재개발이라는 리스크를 지고 있는, 호주 향도 난이도에서 국내 향과 큰 차이가 나지 않는다고 보았다.

나 : 국내 향 프로젝트를 진행해 보셨듯이 호주 향도 쉬운 프로젝트가 아닙니다. 프로토콜이 다른 부분이 있어서 프로그램 공용 사용도 쉽지 않아, 재개발까지 하는 상황이라 현재 일정도 무리가 많은 상황입니다. 오히려 현재 일정만 맞추어도 잘했다고 보는 것이 맞습니다.

어플 팀장 : 일정 줄여 보세요.

나 : 저는 개발도 하고 일정도 수립하는데, 일정 수립하는 데 10일을 소모해서 개발 일정을 더 늘리는 게 맞습니다. 일정 수립에 10일 소모하는 것은 예정에 없던 일이었습니다. 오히려 일정을 늘려야 합니다.

어플 팀장 : 분 단위로 일정을 작성해서 가져오세요.

나 : 그게 말이 되나요?

막 입사했을 때, 퇴사 예정이셨던 분의 말이 생각났다. 어플 팀장님이 권위적이며, 분 단위로 일정을 작성하라고 시키기도 한다고 들었던 기억이 떠올랐다. 역사는 반복되는가? 그럼 퇴사도 반복되는 거군.

메인 개발담당자를 일정표 작업에만 시간을 소모하게 해서 개발 지연시키는 매니저들과 무얼 더 하려고 하는가? 개발해야 하는데 계속된 일정표와 싸움에서 이젠 지쳤다. 어차피 프로젝트 끝나면 '토사구팽'일 뿐이다.

기회만 주면 지금 프로젝트는 마무리하고 싶지만 마무리하지 못하게 방해한다. 업무를 방해하는 매니저, 갑자기 예전 'wow'라는 온라인 게임에서 하던 말이 생각난다.

'레이드는 팀 내 병신과 싸움이다.'

자리로 돌아와서 팀원에게 말했다.

나 : 나 포기했어.

후배 : 뭘 포기하셨어요?

나 : 못하면 포기해야지 창피하게 뭘 계속해. (큰소리로) 나 자르라고 해.

후배 : 일정표 만들어 달라고 하셨다던데 하지 않으실 거에요?

나 : 안 하는 게 아니라 못 하는 거야. 네가 할 수 있으면 해서 보여줘. 내가 따라서 해 볼게. 분 단위로 해봐. 일정표대로라면 지금 개발하고 있어야

하는데, 일정표만 잘 만들면 프로젝트 끝나냐. 개발 일정에 일정표 작성 기간을 두세 달 포함 시키지 않은 내 잘못이냐? 그래서 국내 향은 그리 잘 되었냐? 나 잘라 줘. 분 단위로 3달 치 계획서 못 만들어서 잘려 보자. 시키는 거 못하고, 능력 안 되면 잘려야지.

분 단위로 계획서 제출하는 게 정당한 업무지시라 생각하는 분인가? 그래서 반복하여 지시하는가? (이전 퇴사자도 지시받았음)

나도 잘한 건 없지만, 국내 향 프로젝트 PM으로 국내 향 프로젝트 때문에 인력 빼앗기고 일정이 안 나오는데 그런 고자세가 어떻게 가능한 것인가? 양심이 있다면, 오히려 미안하다고 해야 하지 않을까?

예정된 일력이 투입되지 않고서도 일정을 맞추려고 하고 있다면 위로와 격려를 받아야 하는 것 아닌가?

'감투 없는 내가 잘못이다.' 이게 정답일 것 같다. 감투가 좋긴 좋구나, 이래서 사람들이 감투 쓰려는 구나.

결국, 펌웨어 팀장님 중재로 일정 변경 없이 적당히 마무리되기는 했다.

가능한 빨리

후배에게 개발 업무를 요청한 후, 일정 관련하여 요청받았다.

후배 : 해야 할 업무 내용은 알겠는데, 언제까지 해야 합니까? 일정이 어떻게 되죠?

나 : 일정이 필요해? 쉬엄쉬엄해도 될 정도로 일정 넉넉히 안 준다는 건 이미 알고 있잖아. 내가 주는 것 말고도 진행 중인 업무도 있을 거고. 내가 주는 업무 일정은 '가능한 빨리'야. 내일까지 하고 싶으면 낼까지 해도 돼. 우리 업무 일정은 하나면 돼. '가능한 빨리'

각각의 작은 업무마다 일정 정하는 것이 무슨 의미가 있는가? 일정 정한다고 다 지킬 수 있는 것도 아니고, 넉넉한 일정을 주지도 못한다. 담당자의 업무를 다 파악하면서 일정 잡아 주는 게 귀찮아서 '가능한 빨리' 하나로 답변을 주었다.

나 보고 죽으라고

CAN 통신 관련 업무 일정은 관련 담당자와 협의 해야 했다. 업무 중요도 때문에 팀장님께 CAN 담당 관련하여 전담할 담당이 필요하다고 건의하여, CAN 통신 업무만을 전담으로 진행할 수 있도록 협의해둔 상태였다.

추가되는 업무로 인하여 지연이 발생하지 않도록 미리 협의해 둔 것이다. 먼저 개발 관련하여서 해야 할 일에 대하여 설명해 주었다. 전체 프로그램 구조를 설명해 주고, CAN 관련하여 필요한 구현 부분, 관련 함수 정의된 파일에 대하여 설명을 해주었다.

각 함수에 대한 필요한 설명이 끝나고 일정 관련 이야기를 시작했다.

후배 : 해야 할 업무는 이해했습니다. 5개월 정도 필요합니다.

나 : 야 이 C 장난치냐? 나 보고 죽으라고? 같이 좀 살자. 지금 전체 일정도 짧게 줄이라고 하는데 혼나면서 버티고 있어, 근데 네가 나를 죽이고 싶어? 네 말은 지금 전체 일정 늘리자는 거잖아?

후배 : 그래도 이건 쉽지 않습니다.

나 : 기간이 많지 않다는 건 일단 인정. 3달, 이 정도면 쉽지는 않지만, 불가능은 아니야? 미흡한 것은 테스트 기간 잡아 두었으니 그 기간까지 사용해서 개발 완료해. 단 3달 안에 테스트 가능한 프로그램은 나와야 해. 혹시 잘 안되면, 어떤 점이 잘 안되서 늦어졌다는 변명은 필요해.

(다른 후배를 보며) 왜 웃어? 나는 지금 생사가 왔다 갔다 하고 있어?

개발이라는 건 '미지의 세계'를 탐험하는 것이고, 양산은 완벽한 지도대로 따라가는 것이다. 미지의 세계에 무엇이 발견되는지에 따라서 일정은 달라질 수 있다.

'예상 일정은 예상일 뿐.'

양산 일정과 개발 일정을 구분 못 하시는 분들이 많다.
양산은 미리 준비된 계획대로만 하는 것이다. 원칙적으로 변수가 없어야 한다. 개발은 변수가 발생할 수 있는 것이 당연하다. 그 변수를 어떻게 대응하느냐가 개발자의 실력이며 경험이다.

개발 일정은 원칙적으로 디테일하게 작성할 수가 없다. 완벽하고, 디테일하게 개발 일정을 작성할 수 있는 시기는 개발이 완료된 이후이다.

통신 모듈 문제

국내 향에 사용하던 통신 모듈은 해외에서 사업자 인증이 되어 있지 않은 상태여서, 해외에서 사용이 어려웠다. 호주 향은 외국 회사의 통신 모듈을 사용하게 되었다. 처음엔 외국 회사의 통신 모듈인데 '당연히 잘 동작하겠지'라고 생각했다.

관련된 대부분의 구현은 프리랜서분이 많이 수고해 주셨다. 모든 것을 다 해줄 것처럼 하던 통신 모듈사의 담당 FAE는 나 몰라라 하였다. 처음에 하루 정도는 설명을 잘해주었으나, 세부적인 이슈로 들어가자 아무런 대답을 해주지 않았다.

"우린 문제 없습니다."라는 말만 반복했다.

아, 앵무새구나. 진짜 개발자가 아니라 다른 사람이 설명해 준 일반론만 암기해서 설명할 수 있고, 실제 이슈에 들어가면 아무런 대응이 없었다.

모듈 데모 보드

통신 모듈 담당 FAE 분께서 모뎀 보드를 우리 회사에 빌려주었는데 좀 찾아 달라고 부탁하셨다. 찾아보려고 노력하였으나, 어느 분이 빌려 가신 지도 확실하지 않고, 빌려 가신 분이 퇴사하셨다 하기도 하고, 찾을 수가 없었다.

"제가 입사하기도 전에 빌려주신 거라, 제가 지금 찾기에는 무리가 좀 있습니다. 이전에 컨텍하신 분을 통해서 다시 확인해 보셔야 할 듯합니다."라고 답변을 드렸다.

통신모뎀 데모 보드도 받았던 거군. 그런데 테스트는 했는지, 결과는 어떻게 되었는지 아무런 자료가 없다. 심지어 대여한 데모 보드는 타사의 자산인데 돌려주지도 못했다.

"일정표 만드느라 바빴나 보네. 아마 맞을 거야."

월드와이드로 사고 치시는 거 아니십니까

통신 모듈 관련 문제 확인 요청을 하였으나, "문제없습니다."라는 답변만 받았다.

결국, 우리 쪽에서 통신 모듈 버그를 확인하여, 모뎀 담당 FAE 분들과 이슈 관련하여 협의하는 회의를 했다.

나 : 자체 테스트 결과 통신 모듈 이슈로 확인되었습니다. 이슈된 기능이 우리만 사용하는 기능이 아니라, 일반동작을 반복하면 발생하는 겁니다.
통신 모듈사 : 저희는 월드와이드입니다.
나 : 월드와이드로 사고 치시는 거 아니십니까?

버그가 확인된 것과 '월드와이드'를 어떻게 연결해야 하는가? 버그가 '월드와이드'라면, 월드와이드로 사고 치는 게 맞다. 국내도 아니고 해외급인데, 사고도 월드와이드로 쳐줘야지.

마땅한 답변이 없어서 동문서답을 하는 건지, 기술 베이스의 FAE들은 아닌 것 같다. 일단 영어는 잘하는 사람들로 보인다.

간헐적으로 통신오류가 발생하는 제품도
상관없다고 하시면 더 이상 말씀 안 드립니다

통신 모듈 버그를 인정하였고, 통신 모듈사의 버그 일정이 호주 향 프로젝트 일정과 맞지 않게 되는 결과가 발생하여 심각한 상황이었다.

매니저 : 통신 모듈 버그를 왜 자꾸 이야기하세요?
나 : 통신 모듈 회사에서 수정한다고 이야기했지만, 이후 이슈가 없다고 확신이 안 서는 부분입니다. 버그가 나온 부분이 우리만 사용하는 특수 기능이 아닙니다. 기본 기능인데 아직 수정되지 않고 있다는 것은 의심이 가는 부분입니다.
매너저 : 그럼 어떻게 할 거예요?
나 : 통신 모듈 자체 버그는 우리가 해결 불가능한 부분이고 우리 제품 품질에서 중요한 부분입니다. 간헐적으로 통신오류가 발생하는 제품도 상관없다고 하시면, 저도 더 이상 말씀 안 드립니다.

일반적으로 부품 단위 버그를 보고하면, 윗분들이 부품사와 컨텍하여 처리하시는데, 이곳에서는 '왜 부품 버그를 이야기하냐고?' 나에게 물어본다. 부품에 버그가 있으면 버그 부품 사용하는 우리 제품은 어쩌란 말인가? 양산 경험이 많지 않은 분들인가?

조직 관리자들은 소란스러운 사건들이 일어나지 않는 것을 바랄 때가 많다. 사고가 터지는지도 모르고 직진만 하는 조직이 되지 않으려면 '열림마음'을 가져야 한다. 종종 큰 사건이 터지고 나서 '아무도 나에게 말해 주지 않아서 나는 대응하지 못했다'는 매니저들이 있는데 '난 최악의 매니저다'라고 스스로 선언한 것이다.

마음을 열고 들어 주는 매니저가 아니어서 이야기해 주지 않은 것이다. 이야기하려 하면 싫어하는데, 어떻게 이야기해 줄 수 있는가?

사소할지도 모르는 것들을 들어주고 대응하려고 하면 매니저가 힘들어진다. 그래서 책임 회피를 위해서 듣지 않으려고 한다. 듣지 못했으니 책임질 것이 없다고 생각한다. 들어서 문제가 있음을 인지하고 매니저가 가지고 있는 권한 안에서 모든 조치를 하고도 안되면 매니저 잘못은 없다.

듣지 못해서 알지도 못했다면, 그것이 더 큰 잘못이다. 가지고 있는 권한을 사용해 보지도 못하고 사고가 터져버린 것이다. 듣는 것이 힘들다면 매니저 자리에서 내려오시길 바란다.

사람은 좋은 말을 듣기 좋아하고 신경을 써야 하는 말을 듣는 것을 좋아하지 않는다. 이것은 모든 사람의 공통된 성향이다. 역사서를 보면 저런 아첨하는 말만 듣고 처리해야 할 이슈에 대해서는 듣지 않으려고 하는 장면을 많이 보게 되는데, 현재의 직장에서도 그것과 다르지 않다.

가격만 보고 결정했다

모뎀 선정 과정을 물어보았는데, 선정하신 분이 "가격만 보고 결정했다."라고 하셨다. 하드웨어적인 모듈 선정은 관련 경험이 없는 분이 진행하기는 쉽지 않다. 순수 소프트웨어 중심으로 개발 이력을 가진 분이라면 당연히 어려운 부분이다.

'가격만 보고 결정했다.'라는 것이 진짜인지 이전에 나와의 트러블로 인한 것인지 모르겠지만 더 이상 생각하지 않기로 했다.

통신 모듈에서 중요한 모뎀 결정에 의심 가는 부분이 많다. 데모 보드로 어느 정도 테스트했다면 발견이 가능한 버그였을 듯한데 펌웨어 경험이 적어서 외부회사를 너무 믿는 듯하다. 이쪽 바닥이 얼마나 구라들이 많은데, 심지어 대기업들도 속는 경우가 종종 있다.

칩 또는 모듈 관련 선정을 할 때 양산 이력이 기본인데, 제대로 된 양산 이력을 가지지도 않은 모듈을 선정했다. 양산 이력이 없으면 자체 테스트도 심도 있게 해야 하는데 그것도 정상적으로 진행이 안 된 것으로 보인다.

더 이상 관여해봤자 시간 낭비로 보인다. 일하려는 거지 시간 낭비를 하려는 것이 아니다.

GPS 이슈

국내 향은 GPS 제어를 통신 모듈에서 하였고 호주 향은 GPS 제어를 직접 해야 했다. GPS 사내 전문가라고 스스로 말씀하시는 분이 있었고, GPS 관련하여 새로운 기술을 적용해야 하는 상황에 부딪혔으나, 실질적으로 진행하기는 기술 부족 등으로 어려움이 있었다.

GPS 사내 전문가분께 도움 또는 업무 진행을 맡기고 싶었으나, 조직 체계상 내가 업무 부탁을 하긴 무리인 관계라서, GPS 관련 업무 진행이 어렵다고 전체 업무 메일을 보냈다.

그러나 도움을 받으려던 나의 기대는 허무하게 무너졌다.

역시 전문가는 사소한 일에 나서는 건 아니었다.

대표이사 변경과 조직개편

　새로운 대표이사님이 오시게 되셨고, 일반적으로 대표이사가 변경되면 조직개편을 한다. 연구소장님이 실장으로 임명되어서, 우리 실로 오시게 되었다.

　일반적으로 직장에서는 현재보다 더 큰 조직을 맡게 되면 승진을 의미하고, 관리하는 조직이 작아지면 좌천을 의미하는데 이 기준으로 보면 좌천이었다. 연구소 전체를 두 개의 실로 나누어서 하나의 실장으로 된 것이니 관리하는 조직이 작아진 것이다.

　일반적인 의미일 뿐이고, 나는 정확한 조직개편의 이유를 알지 못한다.

진짜 쏘고 싶으면 아군이 되어야지 왜 적군이 되려 하느냐

조직개편 후, 단합대회 목적으로 실 별 행사를 하게 된다. 우리 실에서는 서바이벌 게임을 메인이벤트로 하여 1박 2일 일정으로 행사를 하게 되었다. 서바이벌 게임에서 사용하는 물감 탄을 맞으면 종종 파랗게 멍이 들 정도로, 많이 아프다.

두 개의 팀으로 나누어서 서바이벌 게임을 진행한다는 이야기가 들리고, 물감 탄을 맞추고 싶은 사람과 다른 팀이 되고 싶다고 이야기하고 있었다. 이때 진정한 서바이벌이 되는 무서운 발언을 했다.

"진짜 쏘고 싶으면 아군이 되어야지 왜 적군이 되려고 하십니까? 적군은 쏴서 맞추기가 어렵고, 아군은 쏘면 잘 맞습니다."

적군만 쏜다는 것이 고정 관념이 아닐까? 이 말로 인해서 아군도 못 믿는 진정한 공포의 시간이 되어 버렸다. 실제로 아군을 쏜 사람이 있나 없느냐는 의미가 없다.

아군이 나를 쏠 수도 있다는 생각을 하는 순간 공포감을 가지게 된다.
특히 윗분들에게는….

새로 부임하신 대표이사님 사격 실력

서바이벌 게임장에 있을 때, 새로 부임하신 대표이사님이 오셨다. 각각의 실 단위로 다른 행사를 하고 있었기 때문에 순방 중이라고 하셨다.

서바이벌 게임 진행하시는 분이 대표이사님께 상금을 걸어 달라고 요청하셨고, 대표이사님께서 상금을 기부해 주시며 말씀하셨다. "지금 내는 돈이 마지막이다. 더 없다. 내 지갑도 보여 준다." 순간 실망이었다. 나는 지금까지 대표이사님들은 지갑에 일억 원은 아니더라도 천만 원짜리 수표는 몇 장은 기본으로 있는 줄로 생각하고 있었다. 그린데 실상은 내 지갑보다 현금이 더 적다.

직원 : 대표이사님 사격 솜씨 좀 보여 주십시오?
대표이사 : 내가 군대 있을 때 스나이퍼로 불렸지.

표적 사격 시작하셨고, 누구나 하는 과거 군대 시절의 스나이퍼 설이라 생각하고 있었는데, 스나이퍼가 농담이 아니었다. 우승 상금을 다시 가져가시려는 기세를 보여 주셨다. 상금을 걸은 분이 다시 가져가려 하시면 어쩌라는 건가? 이것은 '주최 측의 농간'이었다.

실제로 상금은 대표이사님 제외하고 최고 득점자가 가져갔다.

이런 건 학교에서도 하는 겁니다

예정되지 않은 갑작스러운 행사로 예산이 부족했다는 설명을 들었다. 나야 술을 좋아하지 않아서 크게 상관없지만, 식사 후 안주와 술이 부족할지도 모른다는 이야기까지 있었다. 술이야 그렇더라도 회사에서 온 건데 안주가 과자 부스러기라니. 이럴 수가, 나는 안주 빨인데….

행사 준비는 영업 팀 후배 님이 하셨다. 실 개편되어서 서먹서먹한 분들도 참여하는 첫 행사이기 때문에, 행사 준비가 쉽지 않으셨을 것이다.

식사 후, 영업 팀 후배와 이야기하는 시간이 잠시 있었다.

영업팀 후배 : 예산이 부족해서 많이 준비 못 했지만 좋은 시간 되시기 바랍니다. 다른 실에서는 부족한 예산으로 개인 부담이 있었다는 이야기도 있었습니다만, 우린 실비까지 해서 준비하는 것으로 결정했습니다.
나 : 예산이 부족하면 삥(기부금)을 뜯으셔야죠. 준비를 잘 못 하신 겁니다.
영업팀 후배 : 예, 삥(기부금)이라면…
나 : 예산이 적으면 직급 제일 낮은 팀장님부터 기부금을 받으면서 기부한 금액을 공개하면서 위로 올라가면 됩니다. 올라갈수록 더 쌓이겠죠. '행사 기부금 부탁드립니다. 누구 팀장님은 얼마를 내셨습니다.' 이런 식으로 말씀하시면 되죠. 기부 금액에 역행은 없는 거죠. 올라갈수록 더 많

이 받으셔야 합니다. 신입 사원을 데려가시면 더 효과적입니다. 예산 부족한 행사를 준비시킬 때마다 이렇게 하면 알아서 예산 풍족하게 주시게 됩니다. 개인 돈은 누구나 소중하니까요.

영업팀 후배 : 제가 사회생활 경험이 적어서 다음부터는 그렇게 하겠습니다.

나 : 사회 경험이 아니라 학교에서도 하는 겁니다. 학교에서 축제할 때, 학생회에서 학교 앞 상점에서 기부금 받는 것 정도는 아시지 않으십니까? 같은 겁니다. 응용이 문제죠.

서열 정하기는 왜 안 하시나요?

저녁에 실장(이전 연구소장)님이 말씀하셨다.

실장 : 우리 서열을 정하자?
실원들 : 네, 알겠습니다.
실장 : 학번이 어떻게 되지?
나 : 제 학번은... 입니다.
실장 : 어 그게..

화제를 돌리고 서열 정하기는 안 하신다.
내가 학번도 좀 낮지는 않은데 서열 정하기로 하시고 학번 물어보신 후, 화제를 돌리시는 이유를 모르겠다.
내가 서열이 올라가는 걸 원하지 않으신지도 모르겠다.

'약주를 좀 하셔서 깜빡하셨나 보다.'

아침 식사를 사수해라

아침 식사를 회사 지하 식당에서 먹을 수 있었는데, 인원이 제한되어 있어서 평소보다 조금 늦게 가면 아침을 먹지 못하는 경우도 생겼다. 평소보다 조금 늦게 출근해서 지하 식당으로 내려가려는데, 아침을 회사에서 먹는 어플팀 여 후배가 사무실로 올라가고 있었다.

어플팀 여후배 : 아직 식사 남았을까요?
나 : 안 남았을 거 같은데, 확인은 해보려고.
어플팀 여후배 : 저도 따라갈게요.
나 : 안돼, 하나 있으면 어떻게 해. 남자라면 하나로 나누어 먹을 수도 있지만, 우리 둘이서 나누어 먹기는 좀 그렇다. 외국에선 남자끼리 나누어 먹는 게 더 이상하게 보지만, 여긴 한국이잖아. 하나 있으면 내 거다.

'말이 씨가 된다.'
아침 식사가 딱 하나 남아 있었고, 확인하자마자 후배는 그냥 올라가 버렸다. 식사 후에, 근처 제과점에 가서, 빵 하나와 우유 하나를 사서 후배에게 건네주었다.

얼마 후 아침 식사 인원 제한이 없어졌다. 새로 부임하신 대표이사님께서 복지예산을 추가하는 것으로 결정하셨다.

휴직자 노트북은 어디로

조직개편에 맞게 자리 이동이 있었고, 다른 층으로 이동하게 되었다. 이전에 휴직하신 우리 팀원분의 노트북을 못 찾게 된다. 보통 때는 와이어를 사용한 시건장치가 되어 있으나, 이사 중에 시건장치를 해제하여 문제가 발생했다. 팀원분들이 찾아보았으나 찾지 못했다.

나 : 부탁 하나 할게요.

후배 : 예, 필요하신 거라면.

나 : 보안 팀에 휴직자 노트북 자산번호 좀 확인해줘요. 우린 지금 옆에 있어도 분실된 노트북이 우리 팀 건지 확인을 못 해요. 모두 같은 렌탈 노트북이라. 이런 건, 신입시키면 어디 가서 물어보는지도 몰라서 부탁 좀 할게요. 그리고 우리 층에만 노트북 찾는다는 메일 하나 보내 주세요. 아마 우리 층 어딘가 있을 거에요. 시간 지나면 진짜로 못 찾아요.

옆 팀에서 잘 보관하고 있었다고 해라

우리 옆 팀에서 자기 팀의 출장자 소유라고 주장하던 노트북 하나가 있었는데, 자산번호를 확인해 보니 우리 팀의 휴직자 노트북이었다. 자산관리부서에서 확인한 자산번호를 보여 주고 노트북을 받아 왔다. 출장자는 아마도 노트북을 가지고 출장을 갔을 것이다. 생각해보면 당연한데.

노트북을 잃어버렸다는 좋지 않은 사건을 무마하려고, 후배에게 말하는 척하면서 층 사람 모두가 듣게 크게 했다.

"혹시 누가 노트북 어떻게 되었냐고 물어보면, 옆 팀에서 자~알 보관하고 있었다고만 이야기해 주세요."

거짓말은 아니었다. 우리 팀원이 찾아도 안 준 게 문제였지. 너무 잘 보관하고 있었다.

회사에서는 자산 관리를 위해서 자산마다 고유 번호를 붙여서 관리합니다. 고유한 관리 번호가 됩니다. 지금 상황을 '잃어버린 걸 찾았다'라고 할 수 있고 '옆 팀에서 잘 보관하고 있었다.'라고 할 수도 있다.

'잃어버린 걸 찾았다'라는 것은 뭔가 위험할 뻔했다는 의미가 포함되는데, '옆 팀에서 잘 보관하고 있었다'라고 하면 안정감이 느껴진다.

거짓말이 아닌 선에서 좀 더 나은 답변을 찾는 것도 때로는 필요하지 않을까? '옆 팀에서 잘 보관하고 있었다'라고 말하는 것이 좀 더 좋은 답변일 것이다.

영업 직원의 고민

영업 직원 한 분이 상품기획 업무를 맡게 되어서, 호주 향에 프로젝트 관련한 문의를 하였다. 개발 중반에 가서 이제 상품기획이라니, 개발 일정 초기화라도 하시려나? 구현 예정인 전체 기능들을 설명해 주고 현재 상황에서 현실적으로 기능 추가는 어렵다고 말씀드렸다. 일단 하드웨어 변경은 하드웨어 팀과 협의 하셔야 하며, 실질적으로 힘들 것이고, 소프트웨어 변경은 작은 모듈 정도로 추가할 수 있다고 설명했다.

국내 향 프로젝트 상황을 이미 알고 있어서 현재 일정 준수도 쉽지 않다는 설명은 쉽게 받아들여졌다. 필수 기능이 아니면, 추가 기능으로 제품 출시 후 구현하여는 '런닝 체인지'로 하는 방안이 더 바람직함을 주장했다. 어느 정도 동의를 하여 주셨고, 자신의 업무 고충을 이야기 했다.

영업 직원 : 전 원래 영업으로 입사했는데, 생각한 업무가 아닙니다.
나 : 꼭 생각하던 업무를 하는 경우는 잘 없죠. 이쪽을 경험해 보셔서 아시겠지만, 일반적으로 펌웨어 담당자들은 ui 플랫폼은 하지 않으려 합니다. 저 같은 경우도 과거 ui 플랫폼 할 때, 친구들은 '너가 왜 그걸 하고 있냐?'고 했습니다. 당시는 힘들었지만, 그때 경험이 저에게는 큰 힘이 되었습니다. 다른 사람과 같지 않은 경험은 이후에 힘이 되실 수도 있을 겁니다.

팀장 변경

펨웨어팀 팀장이 변경되었다. 재입사하여 국내 향을 맡은 책임 분이 팀장으로 승격되었다. 이전 팀장님은 다른 실에서 팀장을 업무를 진행하게 되었다.

배신당하다

새로 임명된 팀장님이 호주 향 관련 프로젝트 회의를 하자고 하셨다. 막상 회의가 시작되니 일정 확인이 아니라 추궁하는 회의였다.

나 : 국내 향 프로젝트로 인하여 예정된 인원이 투입되지 못하고 있었고, 현재 진행 정도면 일정을 겨우 맞출 수 있는 수준입니다. 현재까지 저와 프리랜서 한 분이 거의 작업을 하고 있었고, CAN 통신 파트도 이제 담당자를 전담으로 두어 시작했습니다. 후배들이 펌웨어에 능숙하지 않은 상태여서 후배 교육까지 제가 하는 상황으로 저도 많은 업무 부담을 느끼고 있습니다.
팀장 : 후배 교육은 일이 아니죠.
나 : 저는 후배 교육도 업무라고 생각하고 있었고, 업무시간을 사용하고 있었는데 이제부터는 하지 않겠습니다.
팀장 : 하던 걸 왜 안 해요?
나 : 업무가 아니라고 하시면 하지 않습니다. 전 업무를 하는 사람입니다.

나와 같은 학번의 팀장이었는데, 이 정도 말은 할 수 있다고 생각한다.

'역시 감투를 쓰면 사람은 변한다.'

국내 프로젝트 회의 참석해라

팀장님이 이제는 국내 향 프로젝트 회의 참석을 지시했다. 팀장이 되었다고 이제 프로젝트에서 손 떼려나 보다. 히스토리 제대로 모르는 상태서 이슈 회의를 하는데, 내가 할 수 있는 게 하나도 없었다. 일회성도 아니고 계속해서 맡기려는 분위기였다. 내가 맡은 호주 향도 본격적으로 진행 중이라 나도 여유가 있는 상황도 아니었다.

많은 실망감도 있었고, 나도 어쩔 수 없는 상황이었다. 더 이상 미련도 없어졌고, 마지막 미련은 진행 중인 호주 향을 끝내는 것이었다. 이때부터 마음속으로 호주 향만 끝낸다고 결심했던 것 같다. 생각은 행동으로 드러나게 된다.

후배 : 회의 안 가실 거예요?

나 : 안가

후배 : 진짜로 안 가세요?

나 : 프로젝트 막바지에 아무것도 모르고, 지금 회의 가서 내가 할 수 있는 말은 딱 3개야. "죄송합니다. 확인해 보겠습니다. 수정하겠습니다." 이 말 이외는 할 수 있는 게 없어. 녹음해 줄게. 네가 가서 좀 틀어줘. 호주 향도 바빠 죽겠는데 내가 시간이 남냐?

이 말을 새로 오신 인사팀장님이 들었다. 인사팀장님 입장에서는 당연한 반응이 나왔고, 내 행동에 대한 것으로 어떠한 유감도 없다.

나의 행동이 잘한 것은 없는 부분이다.
호주 향 프로젝트 관련하여 압박하면서, 다른 프로젝트 업무까지 시키려고 하니 답답할 뿐이다.

포상 주어도 시원찮은 데 징계를 한다고

인사팀장 : 난 저런 거 못 봐.

경영감사 : 쟤는 지금 포상 주어도 시원찮은 판에 어쩌려고…

 이 이야기는 당시 층 사람 모든 분이 들었다. 평사원 하나 두고 회사 실세들의 대화였다. 두 분이 서로 대립한 것은 아니었다. 이후 대화는 두 분이 서 조용히 진행하셨다.

 얼마 후 경영 감사님이 팀장을 불러서 이야기한다.

경영감사 : 너 국내 프로젝트 마무리 짓는다고 해서 내가 재입사 허용했잖아? 어떻게 마무리 지을 거야?

호주 출장 가서 미주 향을 개발하면
미주 향을 할 수 있습니다

의도한 것은 아니겠지만, 본격적인 업무를 통한 괴롭히기가 시작되었다. 호주 향이 끝나지도 않은 상황에서, 미주 향 프로젝트를 진행하고, 국내 향 프로젝트가 미흡하니 새로 개발하는 리뉴얼 작업을 하라고 했다. 순서대로 하는 것이 아니라 동시 진행으로 요청을 받았다.

프로젝트 하나도 제대로 못 하다가 하나 될 거 같으니, 희망이 보였나 보다. 그러나 나에게는 절망이었을 뿐. 최소한 국내 향 프로젝트 리뉴얼은 하던 사람이 하는 것이 당연한 것 아닌가?

이건 연봉을 따따블 주어도 못 한다고 안 받는다. 할 수 없는 일이니. 내가 팀장도 아닌데, 왜 나에게 물어보는 건지도 모르겠다.

미주 향 프로젝트 관련 회의 참석을 요청받았다.

매니저 : 내년도 예상 실적이 부족하여 미주 향 프로젝트를 진행해야 합니다. 미주 향 프로젝트 관련하여 방안을 말해 주세요.

나 : 일단 제가 팀장이 아니어서 구체적인 답변을 드리기는 어렵고, 실무적인 부분만 이야기해 드리겠습니다. 최종 결정은 팀장님이 하셔야 합니다. 미주 향 일정을 보시면, 호주 향이 끝나기 전에 진행이 됩니다. 국내

향 프로젝트 결과를 보아도, 호주 향도 쉽지 않으리라 예상됩니다. 동시 진행하려면, 프로젝트별로 인력을 분리해야 합니다.

매니저 : 그런 말 말고 미주 향이 되는 방안을 주세요.

나 : (고민하다) 호주 출장 가서 미주 향을 개발하면, 미주 향 프로젝트를 할 수 있습니다.

매니저 : 호주 향은 그럼 어떻게 됩니까?

나 : 두 개 동시에 하는 방법은 저도….

회의 참석한 다른 분들이 웃으신다.

미주 향이 되는 방법은 호주 향을 안 하면 되지. 하나도 제대로 못 하다가 뭔가 되는 것이 보이니, 사람들이 정신이 나갔나 보다.

계획표상 필요한 수치를 맞추려는 회의라면 이해 할 수 있다. 그러한 수치라도 조직 책임자라면 실제 가능한 부분과 도전해야 할 목표치를 구분하고 있어야 한다. 실무 개발자에게는 실제 가능한 부분에 대한 대답을 들어야 한다. 실무자들까지 허수에 빠지면 정확한 현실을 파악하지 못하게 된다.

회사 내의 목표치에는 많은 허수들이 존재한다. 위에서 요청하는 것이니 어쩔 수는 없다. 허수에 대한 압박을 누가 가져가느냐의 문제만 남았을 뿐이다. '조직 책임자' 또는 '실무자'의 갈림이다.

여기에 답은 없다고 보지만, 내 의견은 '조직 책임자'다. 이유는, 허수 문제는 결국 조직 책임자의 평가로 직결된다.

영업과 개발의 차이도 생각해봐야 할 문제이다. 영업은 허수를 채울만한 기회를 찾는 경우도 종종 생기기도 하나, 개발은 갑자기 두 배의 성과를 보여 주기는 어렵다.

영업은 영업 담당 실무자들에게 허수를 할당하는 것이 당연할 수 있다. 개발에서 허수를 실무자들에게 할당하면 그냥 허수로 남을 뿐이다. 개발의 허수를 실무자에게 할당하여 악순환하는 경우도 종종 발생한다.

입사 초기에 만났던, 어플팀 직원들의 연속적인 퇴사도, 무리한 허수의 할당에서 오는 것이었다. 개발자가 허수를 버티지 못하게 되면, 심각한 고민에 빠지게 된다. 담당 실무자가 사라져 버리고, 교체되어 더 좋지 않은 결과가 종종 나온다.

황금알을 낳으면 배를 찢는 게
동화 속 이야기만은 아니지

동화 이야기 중에 황금알을 낳는 닭의 배를 갈라서 빨리 부자가 되려고, 배를 가르고 후회하는 이야기를 아실 것이다.

내 배도 이렇게 갈라졌다. 내가 회사를 퇴직한 것이 아니라, 당신들이 내 배를 갈라서 빨리 실적을 올리려고 했을 뿐이다.

순리를 지키지 않으면 좋은 결과를 기대하기 어려워진다. 아이가 태어나려면 필요한 시간이 있고, 빨리 꺼내면 살아남기 어렵다.

내가 가지고 있지도 않은 것을 자꾸 내놓으라고 하는 건, 많이 겪었던 현상이다. 나는 절차를 지켜서 만들어 내는 기술자이지, 허공에서 무엇인가를 꺼내는 마술사가 아니다. 허공에서 마구 무엇인가를 꺼내주는 사람이 필요하면 마술사를 고용해야 한다.

이것은 내 영역이 아니다. 현실에서는 절차를 거쳐 만들어 내는 사람도 많지 않음을 직시해야 한다.

당시에 '마른 수건' 이야기도 사내에 있었다. 짜내고 짜내보란 이야기였고, 이미 말랐어도 더 짜내보란 뜻이었다. 마른 수건을 자꾸 짜면 수건이 손상을 입게 된다. 손상을 입은 수건은 거칠어지고, 반복하면 사용할 수 없게 된다.

개발자를 함께하는 직원이 아니라 소모품으로 생각해서 하는 말들인데, 이렇게 하면 시간이 지날수록 개발팀의 능력이 하향한다. 시간을 가지고, 개발팀의 능력을 키우는 것이 기술회사로 가는 방법이다.

회사는 10년 넘게 이 분야를 하고 있으면 뭐 하는가? 직원은 2년 이하 경험밖에 없을 수도 있다.

홍길동이도 대륙 건너 분신술 쓰는 건
우리에게 보여 주지 않았습니다

프로젝트 관련 팀 회의가 시작되었다.

팀장 : 우리 팀 해야 할 프로젝트가 국내 향 리뉴얼, 호주 향, 미주 향인데, 우리가 할 수 있는지 회의해 보려고 합니다.

나 : 팀의 주요 결정 사항인데, 팀원 의견을 들어보시는 것은 좋으나, 팀장님이 결정하시는 것이 맞다고 생각합니다.

팀원 A : 동시 3개 프로젝트 진행인가요?

팀장 : 3개 동시 진행해야지 돼.

팀원 A : 해외 프로젝트라 출장으로 쉽지 않네요.

팀원 B : 분신술을 쓰면 됩니다.

나 : 홍길동이도 대륙 건너 분신술 쓰는 건, 우리에게 보여 주지 않았습니다.

이래서 난 미움을 받나 보다.

두 번째 퇴사 선언

퇴사를 선언한 시기는 정확하지 않다. 많은 시기와 압박이 있었고, 결국은 결정했다. 미주 향 프로젝트와 국내 향 리뉴얼 프로젝트 관련하여 팀장님과 이야기를 했다. 호주 향은 지금 한창 진행 중인데, 진행 중인 건 관심도 없다. 반복된 이야기기만 진행되어 더 이상 시간 낭비라고 결론 내렸다.

그리고 선언했다.

"호주 향까지만 저는 마무리 하겠습니다. 앞으로 저에게 다른 프로젝트는 물어보실 필요가 없습니다. 팀장님이 결정하시면 됩니다."

퇴사 날짜 결정

프로젝트 종료 후 퇴사하겠다는 말은 했으나, 정확한 퇴직일은 6개월 후가 될지 언제인지 확실한 것은 아니었다. 그런데 실망스러운 일이 다시 발생한다. 펌웨어 담당자인 나에게 서버를 설계하라고 한다. 진짜 무슨 생각인지 모르겠고, 정신이 나간 사람들이다.

서버 담당자들에게 내가 설계해 둔 통신 로직들을 설명해 주고, 이대로 하면 된다고 이야기해 주었다.

서버 설계 관련해서는 현재 서버 동작에 대한 모든 내부적인 것을 나에게 설명해 주지 않으면, 정확한 설계는 나올 수 없다고 이야기했다. 펌웨어는 기존 프로그램을 모두 지우고 새 출발 하였지만 '서버 프로그램을 모두 지우고 새로 개발할 것인지'는 서버 담당자가 결정해야 한다고 결정을 넘겼다.

기존 프로그램 다 지우는 결정을 누가 쉽게 할 수 있으랴?

호주 향 프로젝트만 마무리한다고 말했으니, 서버도 호주 향 프로젝트이고, 그래서 나보고 하라는 것 같다. 이 회의에는 우리 팀장도 참석해서 그냥 지켜만 보고 있었다.

'서버 팀도 해체하고 우리 팀 파트로 들어오라고 해야하나?'

'역시 안 되는 건 안 되는구나.'
'헬 파티에는 뭔가 특별한 것이 있지.'

이제 마지막 미련도 버렸다. 기간 한 달을 정하고 후배들이 할 수 있는 수준으로 만들어 주는 방향으로 결심했다.

'사표를 쓰고 한 달이, 사표 안 쓰고 5달보다 나의 펌웨어 개발 시간이 더 많아질 것이다. 사표 쓴 사람 건드리진 않겠지.'

팀장과 면담을 가졌고, 퇴직 날짜는 '다음 달 말일'로 선언했다.

인사팀 면담

얼마 지나지 않아, 인사팀 팀원과 퇴직 면담을 했다.

인사 팀원 : 잡으려는 건 아닙니다. 형식상의 절차입니다.
나 : 예, 알겠습니다.
인사 팀원 : 퇴직하시려는 이유는?
나 : 무리한 프로젝트 진행으로 인한 '업무과다' 입니다.
인사 팀원 : 일반적으로 다른 회사에서도 이 정도는 하지 않습니까?
나 : 글쎄요. 저는 평사원인데, 프로젝트 하나도 제대로 못 하는 사람들이 3개를 동시에 시킨다는 건 이해가 되지 않습니다.

퇴직 관련하여 인사팀 면담을 한 것은, 우리 팀과 우리 실에서 승인 후, 인사팀으로 절차를 넘긴 것으로 해석해야 한다. 이때까지 나는 퇴직원도 제출하지 않은 상태였다. 내 말 한마디로 기안서도 없이, 팀장, 실장님의 승인을 받아 인사팀으로 넘어갔다. 역시 난 우리 층 최고 실세가 맞는 것 같다.

페이퍼 회사도 아니고, 서류가 무엇이 중요하겠는가? 빨리 내보내고 싶으면, 빨리 처리해야지. 얼마나 급하셨으면, 나에게 퇴직원도 받지 않고 인사팀으로 넘기는지 모르겠다. 더 빨리 퇴직하지 않은 나의 잘못으로 보인다. 혹시 내가 뺑카를 친다고 생각하시고, 맞뺑카는 치시는 건가? 그럼 난 맞뺑카에 맞아서 사망하면 된다.

PC 보안 검사

보안 검사를 해서 나에게 법적인 책임을 물어 퇴직을 못 하게 하겠다는 이야기를 듣게 되었다. 이제는 이 회사가 무섭다. 한 번 들어가면 나가지도 못한다는 '개미굴'이었다.

힘으로 누르면 움직이는 사람이 좋은 인재가 될 수 없다. 좋은 인재란 스스로 신념에 따라 움직인다. 수동적인 소자가 아니라 능동적인 소자다.

나 회사의 룰을 지키려고 노력했고, 보안 위배한 것이 없었다.
'마음대로 해봐라. 나오는 게 있나.'

이때부터, 내 PC가 아주 느려졌다. 내 노트북에 보관이 되어 있는 노트북 사용 이력을 원격으로 가져가는 듯했다. 프로그램 컴파일 자체가 불가능하여 업무를 할 수가 없었다. 랜선을 뽑으면 다시 노트북이 정상으로 돌아왔다.

보안팀과 같은 층을 사용하고 있었는데, 보안팀 직원 들으라고 이렇게 말해 주었다.

"노트북 필요하면, 빌려달라고 하시지. 전 커피나 마시러 갑니다."

이후 보안팀 직원과 매니저의 대화 일부를 우연히 듣게 되었다.

매니저 : 진짜로 아무것도 없어?
보안팀 : 없어요, 이렇게 깨끗한 사람 처음 봐요.

퇴직 예정자의 보안 검사는 당연한 절차지만 목적이 좀 일반적이지 않다. 정해진 것은 아니나, 일반적으로 퇴직일 바로 직전에 보안팀에 노트북을 넘기는 것으로 한다.

일하기 싫은 사람 강제로 붙잡아도, 좋은 성과가 나오는 것도 아니다.

협의해 주시면 됩니다

경영 감사님이 내 자리로 오셔서 가볍게 한마디 하셨다.

경영감사 : 나간다고 했냐?
나 : 협의해 주시면 됩니다.

이 짧은 말에 모든 의미가 다 포함되어 있지 않았을까? 내가 요청하는 협의는 돈이 아니었다. 내가 마음껏 일을 할 수 있는 환경이었다. 그래서 여기를 벗어나고 싶었다.

'나는 사람 같은 사람과 일하고 싶었다.'

그 이야기를 차마 못 하고, 한다 해도 바꿀 수 없는 부분이다. 그런데 주변 사람들은 돈만 밝히는 사람으로 이해를 했다.

'바보들아, 돈만 밝힐 거면, 돈 천에 스톡옵션까지 준다는데 두고 여기 왔겠냐? 너희의 좁은 생각으로 나를 판단 하려 했냐?'

이 대화를 들은 내 자리 근처 분들은 이렇게 속삭였다.

"저분한테 저렇게 말할 수 있는 사람은, 우리 회사에 저 사람밖에 없어."

내가 대단해서 이런 말을 할 수 있었던 것이 아니다. 이런 말을 받아 주신다는 것을 알고 있어서, 할 수 있었다. 자신의 직위(경영감사)와 나의 직위(평사원)의 차이만을 생각하지 않고, 나를 이해해주고 존중해주셨기 때문에 가능했다.

내가 대단한 것이 아니라 받아 주시는 분이 '큰 사람'인 것이다.

'작은 사람'들은 속이 좁아서 받아 주지 못한다.

우리 층 최고의 실세

이런 이야기를 듣게 되었다.
"우리 층 최고 실세는 저 사람이야. 누구도 어떻게 할 수가 없어."

각각의 사람은 유니크하고, 존중받을 자격이 있다. 자기가 존중받을 가치는 자기가 정하는 것이 아니겠는가? 나를 존중해주지 않아서 내 가치를 지키려고, 나는 퇴사를 결정한 것이다.

자기의 가치는 자기가 정한다. 인생 '폼생폼사'아니겠는가? '돈이 없지 가오가 없냐?'

여러분의 결정을 바꾸려면 무엇이 필요한가? 그 필요한 정도가 여러분의 가치라 생각한다. "1억이면 영혼까지 팝니다."라고 말하면 그 사람의 가치는 1억이면 된다. 꼭 돈이 아니라, 무형의 것이 될 수도 있다.
'마음'인 것이다.
이런 말도 종종 듣는다.
"보상은 필요 없고, 사과는 해주셔야 합니다."

그렇게 열심히 일하는데 그거밖에 못 받습니까?

이 부분은 사실인지 나도 모른다. 그냥 건너서 들은 이야기이고 확인하지도 않았다. 단지 재미가 있어서 남긴다.

나를 제외하고 모두 모였고 내가 받는 금액을 말한 후, 이 만큼이나 받으면서 저렇게 하고 있다고 음해를 시도하려 했는데, 후배 한 명이 이렇게 말했다고 한다.

"그렇게 열심히 일하는데 그거밖에 못 받습니까?"

이 일이 사실이란 가정하에 나도 독설을 해본다.
부러우면 노력해서 실력 키우고 자신 있게 사표 쓴다고 이야기해 보든지. 정확히 이야기하면, 내가 먼저 돈 달라고 한 적이 없다. 퇴직한다고 하니 회사 측에서 협의 요청했고 거기에 응해 주었을 뿐이다. 응해 주어서 불만이면 요청도 하지 말든지.
네가 한 요청이 아니더라도 너 윗분 결정에 불만이라는 거냐?

퇴직하고 싶은 이유를 냉정하고 진실하게 말해야 했냐? 조직이 명명이 판이라 일이 힘들어서 못 하겠다고, 아무것도 안 하는 위쪽 자칭 전문가들은 전문 분야의 업무가 진행되지 않아도 구경만 하고 있다고, 여기선 더 이상 있지 못하겠다고 생각하고, 하던 프로젝트나 마무리하려는데, 그것도 못 하게 한다고, 가만히 두면 성과가 나오는데, 구경하는 것도 못하는 매니저들이라고, 일을 도와주는 게 아니라 일 방해하는 매니저들이 있다고….

과정을 무시하고, 가만히 있다가 시기만 하는 사람들. 당신들은 이 회사를 퇴직하면 나가서 받지도 못하는 월급을 받고 있으니 불만 없지 않은가? 나는 내가 성과를 내고, 성과에 합당한 만큼 돌려받기만 하면 된다.

내가 퇴직이란 말을 하기 전에 있었던 일들은 왜 다 빼냐? '퇴직'이 잘못이면, 사규에서 퇴직을 빼보시던가?

'꼰대'라는 말을 국제적인 단어로 만드는 위대한 사람들이 여기도 있구나.

민란

나의 퇴사일 확정이 후배들에게 동요가 되었을 것 같다. 회사 근처 커피숍에서 조용히 커피를 마시는데, 이런 소리가 들린다.

"저 사람이래. 민란이 일어났어."

내가 과민하게 반응을 하는 건지도 모르지만, 나는 어떠한 정치적인 활동을 한 것이 없다. 단지 후배들 사기를 높이고, 업무를 잘하기 위한 활동만 한 것뿐이다.

만약 나를 가리켜서 민란의 주동자로 이야기했다면 그 이유를 나는 모르겠다.

영어 학원에 가면 영어를 잘하는 사람을 따르게 되고, 수학 학원에 가면 수학을 잘하는 사람을 따른다. 나는 일을 잘하려고 노력하는 사람이었을 뿐이다.

선조가 이순신 장군을 미워한 것이 인기가 높아서였으니 뭐. 선조와 똑같은 사람이 선조를 욕하진 말자.

전배 신청과 거부당함

여러 이야기가 있었고, 나는 팀장을 통해서 다른 실로 전배 신청을 했다. 이전 팀장의 팀으로 가는 것을 신청했다. 이전 팀장은 현재 안드로이드 가능한 사람이 필요하다고 했고, 나는 안드로이드 스마트폰 개발 경험이 있어서 문제가 될 것이 없었다.

최종 결정은 거부 되었다. 두 개의 실 사이에 인력 문제로 마찰을 피하고 싶어 하셨다. 우리 쪽 실에서 거부 한 것이다.

내가 '퇴사를 하지 않는다'라고 이야기한 것은 조직 이동을 조건으로 한 것인데, 거부를 당한 이상 퇴사하는 게 맞다. 실 이동에 대하여 거부는 우리 실에서 할 수도 있으나, 관련 대화 정도는 나와 해야 하지 않은가? 나와는 아무런 대화도 해주지 않는 사람들 아닌가? 인생은 역시 폼생폼사 아닌가?

다시 경영 감사님이 내 자리로 오셔서 가볍게 한마디 하셨다.

경영감사 : '다시' 나간다고 했냐?
나 : 죄송합니다.

'다시'라는 말은 좀 아니긴 했다. 얼마 전 말한 것의 연속일 뿐이니. 더 이상 방법이 없다고 보고 긴말 없이 간단히 말씀드렸다.

소 잃고 외양간 고치면 다행이다

어플팀 후배와 식당에서 식사하는 중에 간단한 대화였다.

후배 : 소 잃고 외양간 고치는 거죠?
나 : 그건 올드한 표현이야.
후배 : 올드한 거라니요?
나 : '소 잃고 외양간 고치면 다행이다.' 이게 최신식이지. 소가 한둘이 나갔냐? 그래도 외양간을 안 고쳐서 문제지, 고치면 다행일 뿐이야.

옛날 우리 선조님들은 역시 대단하다. 사고가 발생하기 전에 예방하는 것을 기본으로 하셨다. 소 잃고 외양간 고치면 무능하다고 비웃었나 보다. 오늘날 우리는 소를 잃고도 외양간을 안 고쳐서 문제다. 이제는 사고가 발생한 후라도 재발 방지를 하면 다행인 시대다.

한 번이 문제가 아니라, 계속 반복이 되어서 문제가 아닐까? 개발자들이 1년을 못 버티고 줄줄이 퇴사하는 우리 사업부에 뭔가 이유가 있지 않을까? 다른 사업부에서 우리 사업부로 발령을 내면 퇴사를 고민한다는데, 우리 회사는 천국의 사업부과 지옥의 사업부가 구분되어 있는 게 아닐까? 원인이 무엇이었을까?

반복되면 반복되는 것이 당연해져서, 그것이 핑계가 된다.
반복되지 않으려는 노력을 얼마나 하는가?

컴파일씩이나 했다

퇴사 관련하여 여러 상황이 있는 중에도, 개발 업무를 계속 진행하고 있었다. 내가 개발한 모든 프로그램을 서버에 저장해두었다.

그리고 내가 만든 관련 개발 문서도 서버로 저장했다.

나 : 작업한 프로그램을 서버로 저장해두었고, 여기 폴더에 관련 개발 문서 있으니 보면 돼.

후배 : 테스트는 다 하신 건가요?

나 : 아니, 내가 개발한 프로그램은 테스트한 것이 하나도 없어. 컴파일씩이나 했어.

후배 : 뭐라고요? 컴파일씩이나 하셨다고요?

주변 소리 : 헉, 그게 말이 돼. 시간이 없어서 어쩔 수 없었던 거야? (개발자가 아닌 분들) 저게 무슨 뜻이에요?

한 달 안에 프로젝트를 완전히 끝내지는 못한다. 그러나 후배들이 완료할 수 있게 만들어 주고 싶었다. 각각의 단독 기능들은 이미 다 설명을 해주었고 잘 이해하고 있다. 문제는 기능이 동작하는 프레임웍이 없는 것이 문제였다. 초보 개발자들은 기능에 집중하는데, 고수가 되려면 기능들이 동작하는 프레임웍을 이해해야 한다. 내가 작업한 것은 기능 개발도 있지만, 전체 프로그램이 동작하기 위한 설계와 프레임웍이었다.

실무 개발자들은 컴파일만을 한 프로그램이 어떻게 문제가 없는지, 그리고 자신 있게 공개 할 수 있는지에 대해서 질문하실 것이다.

미리 말씀드리면 잔 버그는 있을 수 있다. '폭포수 방법론'에 따라서 개발하였기 때문인데, '요구사항', '프로그램설계', '프로그램개발'까지 하고 넘겨준 것이다.

세부기능 개발 마무리와 검증 단계를 남기고 넘겨준 것이다. 모든 요구사항과 기능을 직접 정했으니 알고 있는 것이 당연하고, 그것을 바탕으로 프로그램설계와 프로그램개발을 했다.

프로그램까지 한 번에 가능한 이유는 나도 잘 모른다. 스스로 가능한 이유를 찾아보면, 설계를 좀 더 디테일하게 하였다는 것과 모차르트의 일화 정도일 것이다.

모차르트가 작곡한 첫 악보는 깨끗했다고 한다. 수정이 별로 없어서 깨끗한 것이다. 어떻게 할지 머릿속에서 수정에 수정을 거쳐 고민한 후에, 정리된 음들을 악보에 기록하였을 것이다. 그래서 악보가 깨끗한 것이다.

손으로 그리는 건, 이미 정해진 것들을 머릿속에서 세상으로 끌어내는 작업일 뿐이다. 머릿속의 상상으로 모두 만들어진 것이다.

타사의 경험으로 인하여 가능한 것이 아니었냐는 질문에 이렇게 답변을 드린다. 통신 관련 경험, 차량 관련 경험들은 있었으나, 이 프로젝트와 동일한 경험은 없었다. 서버 전문설계 처음, STM 32 칩 처음, HTTPS 처음…. 모듈 하나 정도는 혼자서 개발한 경험은 있으나, 이 정도 규모의 프로젝트를 혼자서 설계한 것은 처음이다. 오히려 이렇게 질문하고 싶다.

이 회사에서 몇 년씩이나 유사한 프로젝트를 개발해 오고 있는데, 그분들은 왜 하지 못하는가?

퇴사 전에 작업한 것에 관련하여 설명해 주고, 후배 한 분은 내가 설명하는 것을 동영상으로 남겼다.

"프로젝트가 쉽지는 않겠지만, 못 하지는 않을 거야. 너희들이 지금까지 못 한 이유는 이게 없기 때문이야."라고 후배들에게 이야기해 주었다.

미주 향 프로젝트와 국내 향 리뉴얼 관련해서도 조언을 남겼다.

"미주 향은 실체가 없어서 내가 뭐라고 할 수가 없어. 가장 좋은 방법은 호주 향과 동일하게 사양을 만드는 거야. 호주 향에서 개발된 것을, 미주 향에서 거의 수정 없이 사용하는 것을 제안해보긴 했지만, 안된다고 답변을 받았어.

국내 향 리뉴얼을 하게 되면 호주 향 성과물을 그냥 쓰면 안돼. 프로토콜이 달라서 동작 안 되는 부분들이 있을 거야. 처음에 아무런 사양도 나에게 주지 않아서, 국내 향 기준으로 설계하다가 사양의 차이 때문에 모두 재설계를 했어. 그만큼 많이 달라."

제가 상상한 것을 현실화시켰습니다

퇴사 전에, 어떤 분이 호주 향 프로젝트를 어떻게 개발했냐고 물어봤다. 이렇게 답변해 주었다.

"제가 상상한 것을 현실화시켰습니다."

회사에서 개발한 기존 프로그램을 완전히 무시해버리고, 새로 만들어 낸 호주 향이다. 지금까지 국내 향 프로그램으로 이어지는 프로그램 계보가 있었고, 이제 호주 향 프로그램의 계보가 시작된 것이다.

과거의 것을 가져오기는 했다. 뭐가 잘 안되었다는 버그 리스트들. 그것들을 모두 대비한 설계를 했으니 당연히 좋을 수밖에. 모두 삭제하고 다시 시작했으니 군더더기가 없어서 깔끔한 것이 당연하다.

이전에도 다른 회사에서 프로젝트가 잘 마무리되어서 '어떻게 했냐?'라고 질문을 받아 보기는 했다. '구글, 네이버에서 말하는 방법 이외는 사용한 것이 없다.'라고 대답을 해주었다. 내 개발 인생의 처음으로 '구글, 네이버에서 말하는 방법 이외는 사용한 것이 없다'라는 답변을 사용할 수 없었다. 협의가 이뤄지지 않고 혼자 진행하는 프로그램 전체 리팩토링은 이론적으로 금기하는 것인데, 그것을 성공시켰다.

변경하고 싶으면 네가 원하는 바를 설명해라

어플팀 신입 사원이 나에게 서버와 통신하는 전문을 변경 요청했다. 아마 어플 팀장 지시일 것이다. 퇴사 전에 나에게 시킬 일이 많았나 보다. 문제는 무얼 바꾸라는 건지 자세한 설명도 없다.

"무얼 바꾸고 싶은데? 서버 통신 전문은 나 혼자 바꾸는 게 아니야, 담당자들 다 모여야 해. 그리고 이미 개발 중인데 바꾸고 싶으면, 뭐가 필요해서 바꾸어야 한다는 설명은 있어야 하지 않아? 그거부터 설명해 주어야 바꾸지."

Sim 카드를 내놓거라

어플 팀장은 퇴직하는 내가 못마땅했나 보다. 옆에 놓고 괴롭혀야 했냐? 학번은 내가 위로 알고 있는데. 퇴직 확정 상태면 팀장의 권위를 전면에 내 세울 상황도 아니지 않나? 대기업 회장님도 나에게는 옆집 아저씨하고 차이가 없는 거 같은데….

어플 팀장 : 호주 향 테스트 sim 카드를 주세요.
나 : 여기 있습니다.
어플 팀장 : 하나 말고 다 주세요?
나 : 예? 무슨 말씀이신지?
어플 팀장 : (화내며) sim 카드 다 달라고요!!
나 : 제가 하나 받았고, 그건 방금 드렸습니다.
어플 팀장 : (소리치며) 모두 다 빨리 줘요!!

결국, 나머지 sim 카드는 어플 팀장님의 팀원 책상 서랍에서 찾았다. 더 감정싸움 안 하려고 정리하려는데, 계속 있었으면 큰일 날 뻔했다. 인생을 피곤하게 사시는 분들이다. 곧 떠나는 사람 붙잡고 뭐 하는 것인가?

힘드니 살아 있네, 난 이미 죽었어

퇴직 전에 후배 한 분이 나에게 업무의 고충을 이야기하며 계속 업무를 해주었으면 한다고 부탁했다.

후배 : 저희들 힘들어요. 도와주세요.
나 : 힘드니, 살아 있네, 난 이미 죽었어.

이미 죽은 사람이라 나에게는 방법이 없었다. 남고 싶어도 남지 못하는데 어찌하겠는가? 인연이 다 된 것이고 다시 인연이 생기면 만나는 게 인생이지. 더 이상 미련을 안 가지도록 끊어야 했다.

초반에 팀장님이 퇴직을 만류하기는 하셨는데, 왜 퇴직하려는지 아직까지 이유도 모르고 있다. 돈 때문으로 알고 있다. 내 직속 윗분 중 정식으로 만류하시는 분 한 명 없는데, 꺼낸 말을 어찌 주워 담겠는가? 부탁하셨더라도 바뀌지 않은 상태에서는 결과는 같았을 것이다. 퇴직하는 날까지 이전 연구소장님이셨던 현재 실장님은 면담은 없었다. "나갈 사람은 안 붙잡는다."라고 퇴직 후에 하시긴 했다.

오히려 경영 감사님께 죄송스러울 뿐이다. 평사원 하나 퇴직하는데, 경영 감사님까지 나서야 하는 수준인가?

야근을 안 한다

"야근을 안 한다."라며 나를 비난 했다.

매일 10시 정도까지 일했고, 주말도 종종 나와서 일했다. 내가 주말에 나왔을 때 다른 사람을 본 적은 많지 않다. 회사 출근/퇴근 시간이 전산으로 확인이 되니 확인 후 이야기하기 바란다.

회사 전체 직원 업무시간을 계산해봐도 내가 상위권일 것이다. 내가 꼴찌라고 알려주면, 잘못했다 할지 말지 고민을 해보겠다. 기본 시간은 충분히 지켰고, 성과도 충분히 내고 있었다. 성과를 내지 못하는 사람을 비난해라.

회사는 야근 하는 곳이 아니라 업무 성과를 내는 곳이다. 지인 한 명 없는 회사에서 홀로 독고다이로 업무를 하면서 기술력 하나로 '층 최고 실세'라는 말까지 들었다. 자를 것 아니면 건들지 못했다는 의미 아니겠는가?

그만한 성과를 내고 있었다.

왜 다른 일에 참견하느냐

"왜 다른 일에 참견하느냐"며 나를 비난했다. 내가 하는 업무도 정신이 없어서, 내 프로젝트 이외에 신경 쓰고 싶지도 않았다. 받은 업무지시 외에 다른 업무를 참견한 것이 무엇이 있는가?

나는 이런 말을 종종 했다.

"이건 내 권한이 아니어서 내가 할 수 없어. 나에겐 권한이 없어."

후배들에게 퇴직하라고 했다

그냥 어이가 없다. 막 대학 나온 신입이더라도 바보들이 아니다. 내가 회사 퇴직하라고 하면, 줄줄이 퇴직하는 바보들이라 생각하는가? 나는 다른 사람을 조정하는 최면술이라도 알고 있는 건가?

"우리 회사가 천국은 아니지만, 나쁜 회사는 아니야."라고 말한 적은 있다.

내가 후배들에게 '퇴직하라.'라고 했다는 가정을 해보자.
왜 내 말은 잘 듣고, 팀장급 이상 분들의 말은 듣지 않고 퇴직을 하는가? 이미 퇴직하여 아무런 영향력이 없는 나의 말은 잘 따르면서 현재 옆에 있는 회사 간부님들 말씀은 듣지 않고 퇴직하는가?
여기에 답변을 할 수 있는가? 내 후배들 퇴직할 때도 제대로 면담도 해주지 않은 것인가?

반박 증거를 하나 더 말해 주겠다. 내가 입사하기도 전에 퇴직한 분들 상황을 파악해봐라. 내 얼굴을 보기도 전에 퇴직하신 분들은 무슨 이유일까? 오히려 내가 근무 중일 때 퇴직률이 낮지 않은지도 확인해 보고 싶다. 타 사업부에서 우리 사업부로 발령내면 퇴직을 고민한다는 것도 나의 잘못인가?

제어가 안 되는 사람

'제어가 안 되는 사람'이라는 말은 부정하지 못하겠다. 변명하자면, 미국 드라마 '왕좌의 게임'에서 어린 왕에게 아버지가 이런 말을 한다.

"내가 왕이라고 말하는 순간, 너는 이미 왕이 아닌 거야!!"

왕으로서 당연히 내려야 하는 합리적인 명령이 아닌, '내가 왕이니 무조건하라'라고 말해야 따르는 명령을 내리는 순간 진정한 왕이 될 수 없다는 뜻이 아닐까?

합리적인 지시를 거부한 적이 있는가?

"'내가 책임질 테니 이렇게 해'라고 한마디만 하시면 그대로 합니다." 이렇게 말한 적도 있다. 이렇게 나에게 말해 주신 분이 있으신가? "내가 원하는 대로 하고, 책임은 너의 것이다."라고 하면 당연히 따르기 어려워진다. 지시만 내리고, 책임은 나에게 있기 때문에 따르기 어려웠다. 나의 책임을 다하기 위해서 거부해야만 했다.

다르게 변명해 보자면, 회사란 왕 게임 하는 곳이라고 배운 적이 난 없다. 열심히 노력하여 성과를 내야 한다고 배웠다. 난 열심히 일하려 노력했고, 떠나야 할 때 호의적으로 마무리하고 절차를 따라서 퇴직을 하려 했다. 헌법에 명시된 나의 권리일 뿐이다. 반대로 말하면 회사에서는 빨리 나가주었으면 하는데, 자르지도 못하고 있는 사람들이 더 문제가 아닐까?

그들의 진정한 문제는 이것 때문이지 않았을까?

"나는 노예가 아니다."

월급 주는 대로 일만 하고 시키는 대로만 해야 했는데 그렇지 않았다는 것. 무언가를 스스로 생각을 하고, 스스로 옳다고 생각한 것을 행동으로 보여 주었다는 것. 스스로 생각해서 이슈를 처리해 주는 사람을 필요로 하면서 스스로 생각하지 않는 사람을 원한다는 것은 현실적이지 않다.
동전의 앞면과 뒷면은 하나이며 분리할 수가 없다.

니체의 '주인도덕'과 '노예도덕'

철학자 니체는 '주인도덕'과 '노예도덕' 두 가지로 분리하며, 주인이 가지면 좋은 것이지만 노예가 가지면 나쁜 것으로 규정한다고 했다.

주인에게 강함, 화려함, 자신감, 결정적, 긍정적은 좋은 것이나 노예에게는 센 척, 사치, 건방짐, 독단적, 허세로 나쁘게 표현한다고 했다.

주인에게 약함, 지저분, 자신감 없음, 의존적, 부정적인 것은 나쁜 것이고, 노예에게는 선량, 소박, 배려심, 민주적, 자기성찰로 권장을 하고 있다고 했다.

같은 것을 누가 가지느냐에 따라서 긍정적 또는 부정적으로 표현한다. 이것을 파괴하고 주인의 도덕을 가지기 위해서 '신을 죽여야한다.'라고 말했다.

그래야 선악의 구별이 없어진다.

당신들이 나에게 원한 것은 니체가 말한 '노예의 도덕' 아니었나?

안 받은게 아니라 못 받은 거야

그 해의 인센티브는 이상하게도 '다음 해 초'가 아닌 '년 말보다 더 빨리' 주는 것으로 결정이 났다. 내가 퇴직하고 한 달 뒤에 인센티브가 나오는 것으로 결정이 되었다. 나를 겨냥한 거라는 말도 있었으나, 정확한 이유는 모른다.

'폼생폼사'로 살아야지. 기껏 돈 천만 원에 팔려 다닐 수는 없었다.

후배 : 왜 돈을 안 받는다고 하셨어요?
나 : 내가 언제? 나도 돈 좋아해. 내 계좌 알잖아. 입금해 주면 받이. 주지도 않고 안 받는다고 누가 그래? 안 받은 게 아니라 못 받은 거야. 그리고 돈 얼마 준다는 이야기를 나에게 한 사람은 한 명도 없어. 소문만 무성하지.

당시 소문으로 나에게 천만 원 가량을 인센티브로 준다는 이야기가 있었지만, 정식으로 들은 바가 없음을 이 자리에서 밝힌다. 정식으로 이야기해 주어도 흔들리지 않을 판에 소문만으로 흔들릴 것으로 오판한 건인가?

만약 돈 욕심에 한 달 더 있어 보면, "돈 준다니 퇴직 안 하고, 돈 안 주니 나가는 사람"이라고 잔소리할지도 모르는 것이다.

연봉 천만 원을 적게 주는데도 입사했는데, 근본적인 문제가 무엇인지도 모르고 있으니...

자신의 생각으로 나를 판단하려 하니, 오판할 수밖에...

상도덕은 지켜라 나보다 먼저면 내가 미워할 거야

나의 퇴직이 진행되면서 후배들은 타사 면접을 보러 다니는 듯했다. 내가 퇴직 하는데, 후배들에게 할 말은 없었다.

"상도덕은 지켜라. 나보다 먼저 퇴직하면 내가 미워할 거야. 나가는 건 내가 1번이야."

말이 안 통합니다

퇴직하는 날 경영 감사님께 인사를 드리러 갔다.

나 : 죄송합니다.

경영감사 : 이리 좀 앉아봐. 뭐가 문제야?

나 : 말이 안 통해서 방법이 없습니다.

경영감사 : 이전에 나간 사람도 '말이 안 통한다'라고 했는데. 씨 뿌렸으면, 추수까지 해야지. 씨만 뿌리고 가는 거야.

나 : 죄송합니다.

제가 나가야 바뀌지 않겠습니까

인사팀장님께 퇴직 인사를 드렸다.

인사팀장 : 지금이라도 결정을 바꾸면, 내가 모든 것을 없던 것으로 하게 해
           준다.
나 : 제가 나가야 바뀌지 않겠습니까?

  인사팀장님이 새로 부임 하신 지 얼마 안 되어서 내가 퇴직을 하게 되었고, 마지막까지 선처해 주시려고 노력을 하셨다. 그러나 '죽어도 멋지게 말하고 죽고 싶었다.' 내 마지막 말은 우리 층 사람이 모두 들었다.

이후 프로젝트 결과

호주 향 프로젝트 결과는 타사에서 일하면서 들을 수 있었다.

"일정에 맞추어서 잘 끝났다."
"국내 향은 아직도 버그가 있는데, 호주 향은 버그가 없다."

호주 향과 국내 향은 비교가 될 수밖에 없었다. 고객사에서 대표이사 실까지 가서 항의했다는 소문의 국내 향 그리고 일정 맞추고 버그가 없다는 호주 향. 마지막 완료까지 내가 할 수 있다면 좋았겠지만 상황은 그리되지 못했다.

내가 없어도 완료가 가능하도록 만들어 놓은 것이 더 뛰어난 것이 아닐까? 이렇게 위안을 삼아 본다.

연구소장님께

호주 향 프로젝트가 잘 못 되면, 옷을 벗어야 한다고 말씀하셨던 연구소장님. 연구소장님을 그렇게 몰아 간 사람은 제가 아니라, 연구소장님이 믿었던 팀장이었습니다. 그들이 성과를 내는 데 집중을 하지 못하게 만들어서 성과가 나지 않았고, 그 결과 연구소장님이 위태로운 상황으로 가게 된 겁니다.

나쁜 게 아니라 평범한 사람들

지금까지 모든 것이 실제 일화이며, 직접 한 대화들이다. 여기 나온 사람들이 나쁜 사람이라고 생각하지 않는다.
그저 평범할 뿐이다.
자신의 능력을 키우기 위해서 노력도 하지 않으면서, '시기'의 감정도 제어 못 하는 '평범한 사람'이다.

이순신 장군 이야기에 나오는 원균 장군이 무능력하고 나쁜 사람이라 생각하는 분들이 많다. 그러나 나는 그렇게 생각하지 않는다. 원균 장군도 그저 평범한 사람이었을 뿐이다.

나를 쓸 수 있는 사람

'허생전'의 마지막에 보면 허생이 사라진다. '왜 그런 능력을 사용하지 않고 사라지는지'를 학생 때는 이해를 하지 못했다. 이제야 조금 이해가 된다.

허생을 쓸 수 있는 사람이 없으니 사라진 것이다.

"나를 쓸 수 있는 사람이 없다면, 이제는 그냥 조용히 살고 싶다."

콩쥐팥쥐

    이 이야기가 진짜로 실화라면 복수심에 이런 글을 남기는지에 대한 의구심이 생길까 봐 마지막으로 남깁니다.
    현재 직장에서 일어나는 일상적인 것이지 이 회사만의 특별한 것이라 생각하지도 않습니다. 무리한 일정, 업무 압박, 상사의 고압적인 행동 같은 것은 실제 직장에서 일반적인 이야기입니다.

    고전 동화 이야기 '콩쥐팥쥐'라는 이야기에서 팥쥐가 콩쥐 괴롭히는 이야기를 빼면 재미가 있겠습니까? 당연히 재미가 없습니다. 이 이야기 속의 사람들이 어찌 되든 전 관심이 없습니다.
    제가 관심이 있는 것은 하고있는 이야기가 재미가 있어야 한다는 것입니다. 그리고 사실이어야 한다는 점입니다. 재미가 없는 이야기라면 시작하지도 않았습니다. 실화라는 것 자체가 하나의 재미의 요소이기 때문에 사실만을 담습니다.

    나의 길을 갈 뿐이고, 다른 사람이 어떤 길을 가는지 관심도 없습니다. 제가 가는 길을 방해 할 때 부딪히게 되는 것일 뿐입니다.

    약 9개월간의 이야기를 들어 주셔서 감사합니다. 저의 다른 이야기들은 다음 기회에 들려 드리겠습니다.

이런저런 생각들

"넌 혼자는 잘하지만, 팀을 이끌고 잘하는 건 아니야."

내 친구가 나에게 한 말인데, 이번 회사에서의 결과로 이 말을 반박할 수가 있다. 프로그램 시스템 전문가는 조직관리도 잘 할 수 있다고 생각한다.

프로그램 시스템의 관리와 사람의 조직관리는 완전히 동일하다. 프로그램 시스템을 설계할 때, 기능을 정의하고 기능에 맞게 모듈을 정의한 후에, 메모리나 CPU 점유 등 필요한 자원을 할당한다. 그리고 문제가 발생하면 디버깅을 하여 원인 파악과 수정을 한다.

사람의 조직도 동일하다. 조직을 구성할 때, 업무를 정의하고, 업무에 맞는 부서를 만들며, 그 부서에 필요한 운영비를 결정한다. 조직에 문제가 발생하면, 원인 파악하여 조처를 해야 한다. 단어를 바꾸면 완전히 똑같다.

기능(업무) 정의, 기능(업무) 할당, 모듈(부서) 정의, 모듈(부서) 자원 분배, 디버깅(문제 대응), 시스템(조직) 관리….

인간의 조직에서 특정 조직이 업무가 비정상적으로 늘어나면 분리를 한다. 하드웨어 1팀, 하드웨어 2팀…, 소프트웨어 1팀, 소프트웨어 2팀….

조직이 작을 때는 총무팀에서, 조직이 커지면 경영팀, 인사팀 등으로 분리한다. 이것까지도 프로그램 시스템 관리와 동일하다. 너무 많은 기능이 하나의 모듈에 집중되면, 그 모듈을 두 개 혹의 몇 개로 나누어서 분리한다.

사람은 기계가 아니라서 성향에 맞게 관리가 필요하다고요?

시스템의 각 모듈도 특성이 달라서 거기에 맞게 다루어 주어야 합니다. 메모리가 많이 필요한 모듈, 실시간으로 빠르게 동작해야 하는 모듈, 저장 공간으로 사용하는 모듈, 하드웨어적인 특성이 강한 모듈….

이제, '프로그램 시스템의 관리와 사람의 조직관리는 완전히 동일하다.'는 말을 이해하실 수 있을 것이다.

일의 본질을 추구해야 한다

내가 생각하는 직장은 업무를 하고 성과를 내는 것이다.

업무와 성과가 최우선이 되어야 한다. 그러나 실제 직장생활이 그렇지 않다는 것은 직장인들 누구나 알고 있다. 그래서 성과가 잘 나지 않는 것이다.

직장은 업무 성과를 위한 본질에 집중해야 하는 것은 당연하지만 가장 지켜지지 않는 부분이기도 하다.

'왕게인'과 세력 싸움에 더 집중한다.

'분열하여 통치하라.' 이 방법을 쓰는가? 통치는 안정적으로 될 수 있으나 강한 나라를 만들지는 못하는 방법이다.

상호존중

현대직장에서 가장 필요한 단어라고 생각된다.

이것이 되어야 소통되고, 아이디어가 나오며 그것이 성과로 이어진다. 상호존중이 되어야 상대에게 귀를 기울여서 소통된다. 소통하지 못하는 것은 상대를 존중하지 않기 때문이다.

무조건 해내라고 하는 것도 상호존중이 되지 않아서 그렇다.

되는 건지 안 되는 건지 관심은 없고, 해내라고만 하고, 업무를 받은 직원은 안 되는지 알면서 그냥 하고 있다. 시간만 가고, 결과는 당연히 좋지 않고, 성과는 없다. 매니저들은 안 되는 걸 알고 있었다는 책임 회피를 위한 수단으로 '난 몰랐다.'라고 하고 싶은 것이다.

그래서 자신의 귀를 막는다.

차등 생산 공동분배

한국 직장 문화를 보면, 업무를 할 때는 힘들고 어려운 일을 서로 기피하고 미루려는 차등을, 성과를 나눌 때는 평등을 강조하는 느낌이 든다. 공동생산 공동분배라는 공산주의보다 한 단계 위의 분위기가 아닐까?

분배의 측면에서 볼 때 공산주의적인 성향이 우리가 중국보다 강하다. '빨'자가 들어간 단어로 비난하지는 말아 달라는 부탁으로 아래와 같은 근거를 남겨드린다.

중국 바둑팀에서는 팀 내 최강자가 수입이 가장 크다. 팀이 성적을 내고, 우승에 기여하는 가장 실력 있는 바둑기사가 상당히 차등적으로 보상을 받아도 반발이 적다. 한국 바둑팀에서는 팀에 기여한 1승은 동일하다는 개념으로 차등적인 부분에 반발이 더 심하다.

단지 하나의 예가 될 수 있을 뿐이나 직장에서도 같지 않은가? 객관적인 평가가 가능한 부분이 있고, 모두 다른 일을 하는 직장인들에게는 적합한 예가 되지 않을 수 있음은 인정한다. 그래서 후배들에게는 객관적으로 평가가 가능한 무엇인가를 직업으로 하라고 이야기해 주고 싶다.

물론 열정적으로 성과를 내고 싶을 경우이다.

매니저 역할

직장에서 다들 매니저를 하려고 한다. 그러나 매니저 역할을 제대로 하지도 못하면서 매니저가 쉽다고 생각한다. 몰라도 시키기만 하면 된다는 단순한 생각으로 그러는 것 같다.

매니저의 역할에 일정관리, 위험관리, 인력관리, 기술관리 등등 무수한 것들은 왜 하지 않는가? 일정관리는 일정표(페이퍼) 만드는 관리로 많은 착각을 하는가? 이래서 요즘 뉴스에 '페이퍼 컴퍼니'란 말이 많이 들리는 건지.

좋은 매니저가 되려면 실무자보다 더 바빠야 정상이다. 잘못되는 것이 있으면 모두 매니저 책임도 된다.

모르고 결정했다고 하는 매니저들도 있다. 모르는 상태에서 어떻게 결정했는지 궁금하다. 주사위 굴렸는지? 아니면 용하다는 무당이라도 찾아가셨는지? 용한 무당이라도 찾아가는 성의라도 보여 주었으면 다행이리라.

선배의 도리

한국 직장 문화에서 사라진 것이 있다. '선배의 도리'

내가 신입일 때는 선배의 역할이라는 것들이 있었는데, 요즘에는 선배가 후배에게 해주어야 할 것들을 해주는 것을 보기 힘들어졌다. 후배를 이해하고, 가르치고, 조언하고, 이끌어 주는 선배가 얼마나 있는가?

선배와 꼰대가 같은 말이 되어 가는 느낌이다.

왕 회장님의 본질을 보는 눈

현대그룹의 창립자이신 고 정주영 회장님은 본질을 보는 눈을 가지고 있었다.

한겨울에 풀을 심어 달라는 요청에 누구도 못 한다며 다들 거부할 때, 보리를 심어서 공사대금을 받았다는 사실을 아시는 분들이 많을 것이다. 풀이 필요한 것이 아니라, 잘 정돈이 되어 있고 푸르게만 보이면 되는 것이었다.

'풀'이 본질이 아니라, '푸르게 보이면 된다'가 본질이었다.

고 정주영 회장님의 일화에서 보리를 심으라고 지시하면서, "잘못되면 너희들 책임이야."라고 하셨을까? "내가 책임지니, 보리를 심어."라고 하셨을까?

일정표가 본질이 아니라, 실제 언제까지 가능한지가 중요하다. 일정표를 작성하다 실제 일정이 늦어지는 것은 본질과 반대로 움직이는 것이다.

현재의 충격

'미래의 충격'이라는 책에서, 앨빈 토플러는 외부의 변화 보다, 변화의 속도가 빠르지 않으면, 미래에 충격을 받게 된다고 말했다. 현재 직장의 모습을 보면, 외부의 변화보다 빠르게 변화하고 있을까?

새롭게 사회에 나오는 신세대들은 과거와는 다르다. 이런 신세대들을 수용할 만한 문화를 가지도록 직장은 변화하고 있을까?

국내 최고의 기업 S사보다 공무원을 선택하는 이유는 무엇일까? 서울대 입학보다 공무원 9급을 선택하는 이유는 무엇일까? 이미 '미래의 충격'이 아니라 '현재의 충격'이라고 해야 할 것이다.

회사의 규율도 이제는 변해야 할 시기이다.

전쟁의 승리를 위한 절대적인 명령과 복종을 필요로 하는 군대 문화의 규율이 우리 직장에 남아 있다. 회사는 누군가의 생명을 희생하는 것이 필요한 전쟁을 하는 곳이 아니다. 서로에게 도움이 되며, 상생하기 위한 공간이다.

대한민국 군대의 일반 병사들도 군내에서 스마트 폰을 사용하게 되었으며, 과거에는 이것을 상상하기조차 힘든 일이었다. 군대도 이렇게 변하고 있다. 회사는 얼마나 변하고 있는가?

과거 단순 생산의 시대에서는 빨리하라고 다그치기만 하면, 더 많은 성과가 나왔다. 이제는 단순 생산이 아닌 복잡하고 고차원적인 업무를 창의적으로 수행해야 한다. 매니저 혼자서 이런 고차원적인 업무를 이해하고 지시 할 수 있는 상황도 많지 않다.

많은 회사가 '스마트하게 일하라.', '창의적으로 일하라'라고 말을 하지만, 실제 회사생활은 규율이 절대적이다. 절대적인 지시에 수동적으로 복종하다가 개인 업무를 시작하면 스마트하게 창의적으로 능동적으로 변하는 것이 가능할까?

최근 '창조', '창의'라는 단어가 대세가 되었지만 실패하고 있는 이유를 알고 있다. 지시하는 사람이 필요할 때만 창의적으로 변하기를 바랐기 때문이다. 항상 복종, 항상 창의적, 둘 중 하나만 하기도 어렵다. 아무런 의문이 없이 지시대로만 하는 방식에 익숙해지면, 창의적인 것과는 거리가 멀어진다. '내가 필요할 때만 창의적으로 변해'라고 하는 것이 가능할까?

인간의 심리 변화의 어려움은 '군인'과 '경찰'을 분리하는 이유와도 같다. 적과 싸우는 마음을 가진 군인과 시민에게 봉사하는 마음을 가진 경찰은 다르다.

군인에게 경찰 업무를 맡기면, 시민을 적으로 대하게 된다. 경찰에게 군인 업무를 맡기면 전투에서 잔인해져야 할 때 주저하게 된다.

중국 진시황제의 고사에도 이런 이야기가 있다.

황제의 허가가 없이는 출입하지 못하는 장소까지, 암살자가 침입하였다. 진시황제의 목숨이 위태로웠고, 큰 기둥을 돌면서 암살자의 칼날을 피하고 있었다. 이것을 많은 신하가 지켜보고만 있었다. 아마 황제의 호위병들도 있었을 것이다. 아무도 그 장소에 들어가서 진시황제를 도와주지 않고, 거리를 유지하며 구경하고 있었다.

말이 안 되는 상황이라 생각하시겠지만, 실제의 역사다. 모시는 황제를 자객으로부터 돕는 것 보다 황제의 명령(출입금지)을 지키는 것이 더 중요하게 작용한 것이다. 중국을 최초로 통일한 황제의 최측근 사람들도 이렇다. 명령에 길들여지면 '창의'와는 멀어진다.

'창의'를 강조하고 있는 것은 '창의'가 앞으로 생존을 위해 필수적인 사항이라는 것을 기업에서도 알고 있기 때문이다.

과연 창의적인 사람이 현재의 기업에서 살아남을 수 있을까?

정당한 업무지시를 나쁜 뜻으로 말하는 것은 아니다. 다만, 권위의 사용은 마지막 수단이 되어야 한다는 것이다.

역사서에 나오는 '폭군'들의 공통되는 특징은 '똑똑하다'이다. 명청한 사람이 폭군이 될 수가 없다. 자기가 원하는 바가 있고, 그것을 이루기 위해서 폭군이 되어 가는 것이다. 신하를 권위로만 끌고 가는 것이 아니라, 설득과 이해로 이끌어야 한다.

문무겸비

약점이 있는 사람은 다루기 쉽다. 그 약점으로 인해서 어떠한 손해가 발생할지 모른다. 특별한 약점이 없는 사람은 다루기가 어렵다. 그래서 이런 사람은 적군도 상대하기 어렵다.

문무겸비란 말은 많이 하지만, 실제 문무겸비를 한 사람은 극소수다. 현재 사회에 업무에 필요한 기술은 '무'가 되고, 사람을 이끄는 능력은 '문'이 된다.

문관이 무관이 되는 것은 불가능에 가깝다. 무관 중 극소수가 '문'을 익혀서 문무를 겸비한다.

개발자의 꿈

나는 내가 원하는 '개발자의 꿈'을 꾸며 이번 생을 살았다. 한국에서 개발자라는 것은 대우받지 못하는 하나의 직업일지도 모르지만, 내가 좋아하는 일이라 재미가 있었다.

여기서 내가 한 말들은 내가 생각하는 이상적인 개발 문화이다. 인권을 위한 것이 아니라, 더 많은 성과를 내기 위한 것이다. 모두 다 알고 있는 것들이며 특별한 것은 없다. 그러나 좀처럼 지켜지지 않는 것이다. 내가 먼저 실천하며, 개발 문화를 바꾸고 싶었다.

힘든 일이란 것은 알고 있었으나, 생각했던 것보다 더 힘들었다.
왜 이런 힘든 길을 홀로 갔는지 물어보신다면, 이렇게 대답하고 싶다.

'존엄성을 가진 인간이라면, 자기가 추구하는 이상에 한 번 도전해 보아야 하지 않을까요.'

개발자의 꿈

초판 1쇄 인쇄 2020년 06월 18일
초판 1쇄 발행 2020년 06월 29일

지은이   IT 개발자
펴낸이   김지홍

편집   김지홍
디자인   이미리

펴낸곳   도서출판 북트리
주소   서울시 금천구 서부샛길 606 30층
등록   2016년 10월 24일 제2016-000071호
전화   0505-300-3158 | 팩스 0303-3445-3158
이메일   booktree11@naver.com
홈페이지 http://blog.naver.com/booktree77

값   13,000원
ISBN   979-11-6467-040-6 03810

• 이 책은 저작권에 등록된 도서로 저작권법에 따라 무단전재 및 복제와 인용을 금지합니다.
• 이 책 내용의 전부 및 일부를 이용하려면 저작권자와 도서출판 북트리의 서면동의를 받아야 합니다.
• 잘못된 책은 구입하신 서점에서 바꾸어 드립니다.

이 도서의 국립중앙도서관 출판예정도서목록(CIP)은 서지정보유통지원시스템 홈페이지 (http://seoji.nl.go.kr)와 국가자료종합목록 구축시스템(http://kolis-net.nl.go.kr)에서 이용하실 수 있습니다. (CIP제어번호 : CIP2020025249)